ERNEST BOSC

GLOSSAIRE
RAISONNÉ
DE LA
DIVINATION
DE LA MAGIE ET DE L'OCCULTISME

BIBLIOTHÈQUE DE LA CURIOSITÉ
Librairie du XXᵉ Siècle
25, RUE SERPENTE, 25

PARIS
1910
Tous droits réservés

GLOSSAIRE
RAISONNÉ
DE LA DIVINATION
DE LA MAGIE
ET DE L'OCCULTISME

ERNEST BOSC

GLOSSAIRE
RAISONNÉ
DE LA DIVINATION

DE LA MAGIE ET DE L'OCCULTISME

BIBLIOTHÈQUE DE LA CURIOSITÉ
Librairie du XXe Siècle
25, RUE SERPENTE, 25

PARIS
1910
Tous droits réservés

AU LECTEUR

Tout vient à point à qui sait attendre.

Il y a bien longtemps que les étudiants en Occultisme réclament un Glossaire bien fait et complet des termes, qui relèvent de la magie et de l'Occultisme !...

Certes, il existe quantité de petits Glossaires incomplets, dès lors inutiles.

D'un autre coté, beaucoup de jeunes étudiants et de commençants désiraient un livre à bas prix, bon marché (disons le mot) et dès lors ne pouvaient s'offrir notre DICTIONNAIRE D'ORIENTALISME ET D'OCCULTISME.

Nous avons donc composé un ouvrage intermédiaire, moins complet que ce dernier, sans illustrations, mais qui renferme beaucoup plus de matières et de termes que les Glossaires si incomplets qui existent, à tel point que notre œuvre terminée, nous avons été obligés de lui donner un titre en rapport avec son importance, son vrai caractère et nous l'avons dénommé :

GLOSSAIRE RAISONNÉ

En effet, si bien des termes ne comportent que la définition, la signification du mot, d'autres au contraire, qui sollicitent la curiosité du lecteur ont reçu une explication synthétique, mais cependant suffisante pour satisfaire le lecteur avide d'instruction sur la magie et l'Occultisme en général ; enfin, nous avons joint à notre ouvrage tous les termes de la Divination, très nombreux (plus de cent) dont un très grand nombre est presque inconnu de la plupart des occultistes peu versés dans la science divinatoire.

Ainsi compris, nous espérons qu'un

très grand nombre de lecteurs seront heureux et satisfaits de posséder notre *Glossaire Raisonné* de l'occultisme, qui certes leur rendra plus de services qu'ils ne pourraient croire de prime-abord. S'il en est ainsi, nous serons heureux nous-même de l'avoir écrit, puisqu'il sera de quelque utilité à la masse des jeunes et nouveaux Occultistes, dont nous sommes charmés de voir tous les jours grandir le nombre.

E. B.

Paris, 15 octobre 1909.

GLOSSAIRE
RAISONNÉ
DE LA DIVINATION
DE LA MAGIE
ET DE L'OCCULTISME

A

Abracadabra. — Mot magique, d'origine Persane qui écrit sur un parchemin vierge constitue un amulette ou talisman ; en effet, l'homme qui le porte sur lui, roulé autour du cou, comme phylactère, est préservé des maladies de toute sorte, principalement de la fièvre, et, s'il est atteint de maladies, il est guéri incontinent.

Roch de Baillif nous informe, dans son *Démostérion*, que « Serenus Samonicus, entre les préceptes de médecine, dict qu'en escrivant ce nom : ABRACADABRA, diminuant lettre, après lettre, par ordre rétrograde depuis la dernière jusqu'à la première et porté au col, estre remèdes aux maladies et qu'elles déclinantes par peu se guérissent. » Le même terme écrit à rebours ARBADACARBA possède les mêmes propriétés.

Acqua Toffana. — Poison des plus subtils ainsi dénommé parce qu'on attribuait sa formule à une Palermitaine, dénommée TOFFANA. Nous ne donnerons pas la composition de ce poison, dont la base était l'acide arsénieux (*vulgo*, arsenic) additionné du liquide qui s'écoule, de la chair corrompue du porc.

Actinobilisme. — D'après le P. Kircher, ce terme désigne le phénomène d'anesthésie qui est provoqué par l'inspection prolongée d'un objet brillant. Le même phénomène a été décrit par Daniel Schwenter dans son *Deliciæ physico-mathématicæ*, publiés dès 1656; mais longtemps avant l'*Ars Magna* de Kircher et de l'ouvrage de D. Schewenter, Apulée avait connu et remarqué la sorte d'anesthésie que provoque sur un individu qui la fixe, la roue du potier. — Cf. Apulée, *Apolog.* c. XLV, p. 542, Ed. Hild. — Des observations de Chevreul tendraient à démontrer que le mouvement continu de la roue peut provoquer des attaques d'épilepsie. — *De la baguette divinatoire,* p. 234 et suiv.

Adaptation. — L'adaptation en magie est la synthétisation en formules et en rites de diverses influences naturelles.

Adepte. — Celui qui, en magie, est parvenu à sa parfaite connaissance, celui qui peut pratiquer la magie, en un mot, être *magicien*.

Adjuration. — Formule d'exorcisme à l'aide de laquelle on demande à Dieu en magie blanche (Magie Divine) ou à Satan (en Magie Noire ou Goétie) de faire ou de dire ce qu'on réclame de lui.

Æmonia. — Ville de Thessalie, où l'on pratiquait la Magie à un tel point, que les poètes latins dénommaient celle-ci : *Æmoniæ Artes*.

Aéromancie. — Art de prédire l'avenir, par l'inspection de l'air, ou ce qui se passe dans l'air. — Voici, comment on procède. Le Devin pose sur sa tête un grand carré de toile, un drap de lit par exemple et se place en plein air au-dessus d'un baquet rempli d'eau. — Le consultant adresse une question mentale ou de vive voix, et si l'air interrogé par le Devin fait rider la surface de l'eau, l'oracle est considéré comme favorable ; si, au contraire, l'eau n'ondule pas, ne bouillonne pas, il y a doute au sujet de la consultation.

L'*aéromancie* peut être considérée comme une branche de l'astrologie, car elle comporte aussi, la divination par les phénomènes de l'air. Les événements futurs se peignent dans les nuages et souvent le devin voit des spectres apparaître dans les airs.

Aérosoma, Aérosome. — Ce terme signifie littéralement *Corps d'air* ; c'est un néo-terme, imaginé par le Dr Fugairon pensons-nous pour désigner le double aithérique ou corps fluidique, qui enveloppe le corps physique de l'homme, car la science moderne, et l'occultisme ont admis qu'autour du corps tangible et visible (*sarcos soma*, corps de chair) il existe un autre corps, qui celui-là n'est ni visible, ni tangible pour les sens physiques, c'est le corps fluidique dénommé *Astral* par Paracelse, *Enormon* par Hippocrate, *Périsprit* par les Spirites. Il est à peu près certain que tous les corps, quels qu'ils soient, possèdent un *corps astral*, parce que de tous les corps se dégage une Aura (Voy. ce mot), sorte d'émanation gazeuse, radiante, moléculaire, aromale ou monadale, émanation qui participe, si toutefois elle n'en émane pas, de l'*Aither* ou *Hylée*, lequel n'est en définitive, composé que de monades, atomes, molécules, ultimates qui ne sont pas encore condensés, agrégés à l'état gazeux.

Autrefois, on croyait que seuls les corps des animaux possédaient un *Aérosome*, mais les travaux modernes de Reichenbach et de clairvoyants tendent à prouver que tous les corps, sans exception, possèdent un Double aithérique ; ce n'est même que par la présence de celui-ci, qu'on peut expliquer d'une manière certaine, l'odeur qui se dégage du fer, du cuivre, du plomb et autres matières métalliques ou minérales, odeurs qui ne sont différenciées que par leur *Aérosome*.

Nous ne pouvons trop insister sur ce sujet intéressant, parce que l'espace ne nous le permet pas ici, cependant, nous ne saurions passer sous silence qu'il existe une différence capitale entre la nature de l'aither universel (1) ou primordial et celle qui se dégage des doubles aithériques. Cette différence consiste en ceci : que tandis que l'aither universel contient des monades, des atomes et des molécules sans propriétés particulières, sans propriétés caractéristiques, les aérosomes des corps physiques, au contraire, bien que considérablement affaiblies, possèdent toutes les propriétés des corps desquels elles émanent. Ce dernier fait scientifique a été prouvé par les beaux travaux de W. Crokes ; ainsi, sous une pression extrêmement faible (un vingt-millionnième d'atmosphère) le gaz hydrogène à l'état radiant était encore de l'hydrogène, de l'hydrogène très dilué.

Agate. — Pierre précieuse, à laquelle on attribue de grandes vertus : fortifier le cœur, guérir la morsure vénéneuse des serpents, préserver de la peste et autres maladies épidémiques.

Aigomancie. — Prédiction de l'avenir, en observant le bêlement d'une chèvre ; sa course plus ou moins désordonnée, enfin ses mouvements divers ; saut, broutage, etc. :

(1) Cf. L'AIMANTATION UNIVERSELLE, 1 vol. in-12, *Imprimerie du XXe siècle*, Paris 1910.

Agla. — Terme magique, d'origine hébraïque, qui, d'après les Kabbalistes, aurait le pouvoir de chasser le démon, aussi ce mot se retrouve-t-il souvent dans les formules conjuratoires de l'*Enchiridion* du Pape Léon. Ce terme se compose des premières lettres de ces quatre mots hébreux : Athah, Gabor, Leolam, Adonaï (vous êtes puissant et éternel, Seigneur).

Très employé au xvi° siècle, on retrouve ce terme, non seulement dans les ouvrages de Magie et dans les Grimoires, mais on l'inscrivait encore sur des Phylactères, qu'on portait sur soi. — Cf. LELOYER, *Discours et Histoire des spectres*, livre III, cap. 5.

Aglaophotis. — Herbe magique qui, d'après les démonographes, servirait à évoquer les démons; elle croîtrait plus particulièrement dans les carrières de marbre de l'Arabie. — Cf. Pline, *Hist. nat.*, livre XXIV, c. 17.

Agnus Castus — Plante magique à laquelle on attribue la vertu de conserver la chasteté ; c'est notre ricin commun.

Agyrte. — Tireur d'horoscopes ; il s'en trouvait beaucoup dans l'Antiquité, notamment en Grèce parmi les prêtres de Cybèle.

Aiguillette (*Nouer*). — Sorte de sortilège trop connu pour que nous ayons besoin de le décrire. — Les livres des Démonographes renferment de nombreuses formules, propres à détruire les effets de ce sortilège, qui remonte à une très haute Antiquité ; les Kabbalistes en attribuent l'invention à Cham ; Ovide et Virgile en font mention dans leurs œuvres.

Ainé-y-sourid. — Nom du miroir magique des légendes orientales.

Aisseile ou **Aisselé**. — Faire manger du pain aissellé, c'est-à-dire qui a été placé sous l'aisselle d'une femme, qui a eu une forte transpiration, passe pour un moyen de jeter un sort et empoisonner la personne, qui a mangé ce pain.

Aither. — Ce terme grec qui signifie littéralement *Abîme du ciel* est le nom qu'on donne à la substance primordiale, le principe créateur de toutes choses, la Substance Universelle, de laquelle sont tirés tous les corps. — En Orient, ce terme signifie : *Fluide pur*, quand il est dirigé par une force intelligente ; quand ce fluide est abandonné à son propre mouvement, l'aither devient *Nahash* ou le Serpent de la Genèse ; c'est aussi le Nouménon de la Lumière astrale, le Voile qui se trouve entre la terre et les premières eaux ; c'est enfin le *Chaos* ou la Nature primordiale ; c'est la matière non différenciée, qui, suivant l'Ecole Hermétiste, existait avant la création du Monde. — Dans l'Antiquité, on considérait l'Aither comme la divine substance, créatrice de la lumière qui inonde l'Univers, c'était le vêtement de Zeus ou Jupiter, le chef de l'Olympe, la Divinité Suprême.

C'est bien à tort qu'on a confondu l'Aither et l'Akasa, ce sont deux choses différentes; l'aither est à l'akasa; ce que la matière est à l'esprit. Nous ne saurions insister ici sur ce terme et nous engageons le lecteur à lire le terme suivant.

Akasa. — L'Akasa dans le septenaire cosmique, c'est le principe le plus élevé : c'est l'*Essence spirituelle* subtile et hypersensuelle qui remplit l'espace autour des Mondes. — Par cette définition, on voit que l'Akasa diffère totalement de l'aither et que c'est bien à tort qu'un grand nombre d'auteurs ont considéré comme synonymes ces deux termes. — Dans le septenaire cosmique, l'aither n'est que le troisième principe, il est à l'Akasa, comme *Kamârupa* est à Atma dans le Microcosme (dans l'homme).

Akhim. — Ville de l'antique Thébaïde, qui passait pour être, dans l'Antiquité la ville de prédilection des grands magiciens.

Alchimie. — Ce terme dérivé de *al* (feu) et *chimi*, Dieu ou patriarche, signifie *Chimie de la Nature*; il est synonyme d'hermétique, d'hermétisme, parce que la Philosophie hermétique est un terme générique qui embrasse à la fois l'Alchimie, la Pierre philosophale, la Panacée Universelle, l'Elixir de Vie, le Grand Œuvre, le Magistère, etc., c'est-à-dire en un mot que l'alchimie est l'art de *transmuer* ou *transmuter* tous les métaux vils, en or et de fabriquer une eau admirable qui donne force, santé et jeunesse éternelle.

L'alchimie a donné naissance à notre chimie moderne, et cependant de tout temps, elle a été fort décriée : un vieil adage latin du Moyen Age dit même : *Alchimia est ars, cujus initium laborare, medium mentire, finis mendicare*, c'est-à-dire : l'alchimie est un art, dont le commencement est le travail, le milieu le mensonge et la fin, la mendicité.

Nous trouvons beaucoup trop sévère ce jugement, l'alchimie a été et est un grand art, qui aujourd'hui encore a ses adeptes, son journal (*l'Hyperchimie*) et ses cours. Les alchimistes modernes prétendent même que rien n'est plus facile que de faire de l'or et qu'un grand alchimiste américain vend celui qu'il produit à l'hôtel des monnaies de son pays. — C'est là un beau résultat, mais qui malheureusement ne se généralise pas encore dans notre Europe... Attendons et espérons !...

Alectorienne (*Pierre*). — Pierre qu'on trouve dans le gésier des coqs et qui, à tort ou à raison, passe pour avoir la vertu d'empêcher l'action délétère des poisons sur l'organisme des personnes qui la portent sur eux, comme talisman.

Alectromancie. — Art de prédire l'avenir au moyen d'un coq ou d'une poule. — On dit aussi *Alectryomancie*.

Voici comment il faut procéder :

Le devin trace sur une feuille de carton une circonférence qu'il divise en vingt-cinq lettres de l'alphabet. Chacun des secteurs contient un grain de blé ; une poule ou un coq est placé au centre de la circonférence et naturellement le volatile pique un grain. Le devin inscrit la lettre du secteur, sur lequel a été piqué le grain, et par la réunion de ces lettres, il compose des mots, desquels, il tire des pronostics et des horoscopes, des présages ou de simples réponses aux questions posées.

Une tradition nous apprend que Jamblique utilisa l'alectromancie, afin de connaître le nom du successeur de Valens et que le coq croqua les grains correspondants aux lettres T, H, E, O, D. Valens qui apprit la prédiction fit mettre à mort divers personnages, dont le nom commençait par *Theod*, mais il oublia Théodose — le Grand, qui fût en effet son successeur. Le P. de Lancre donne le nom d'alectromancie à un genre de divination dans lequel ne figure ni coq, ni poule, mais seulement des grains de froment :

Une petite fille, dit-il (1), jette dans un foyer des grains de blé, le premier pour janvier, le second pour février et ainsi de suite pour les autres mois. Si le grain ne se consume pas, c'est un signe qu'il tiendra son prix, s'il se consume, c'est un signe de grande cherté.

Aleuromancie ou **Alvéromancie**. — Moyen de prédire l'avenir en utilisant le procédé suivant : On place des billets contenant des réponses variées dans de la pâte de farine avec laquelle on fait une sorte de galette, qu'on découpe en morceaux et qu'on distribue aux consultants, et chacun d'eux tire ainsi lui-même son horoscope, d'après les mots écrits sur le billet, que lui a attribué le hasard.

Comme, dans l'Antiquité, c'était Apollon qui présidait à ce mode de divination, on surnommait le dieu, à cause de cela, *Aleuromantès*.

Voici en quels termes le P. de Lancre (2) parle de l'aleuromancie : « C'étoit une divination par l'orge et la farine desquels les devins se servoien ès sacrifice, ou bien pour faire des pains ou des gâteaux, ou bien pour espandre sur les victimes, ainsi que nous apprenons des poètes latins, de Denys d'Halicarnasse et d'autres. Théodore Balsa-

---

(1) *L'incrédulité et mescréances du sortilège pleinement convaincus*, in-12, Paris, 1622, p. 235.
(2) *Ouv. cité*, p. 233.

mon (Balsamo) fait mention de certaines femmes, lesquelles avec de l'orge, prédisaient tout ce qu'ignoraient les autres.

« Un ancien manuscrit de Saint-Laurens de Liège sur ce passage d'Horace dit : « Comme fugitif, je refuse le gasteau de la main du prêtre », dict que dans les esclaves étaient soupçonnez de larrecins, on avait accoustumez de les mener au prêtre, qui bailloit à tous ceux qu'on lui menoit une crouste de pain enchantée, laquelle leur demeurant à la gorge et comme se conglutinant au gozier donnoit assurance à leur maistre, qu'ils étoient coupables de ce crime. Le Concile d'Auxerre défend d'avoir égard aux sorts qui se font avec du pain. »

Alomancie. — Divination à l'aide du sel. On en jette une poignée dans le feu et le devin tire des crépitations des pronostics divers.

Par une superstition inqualifiable, on applique l'alomancie à une salière renversée et on en tire un mauvais présage ; mais si les deux salières poivre et sel sont renversées, il n'y a pas alors de mauvais présages. Donc les gens superstitieux doivent acheter des salières jumelles, elles ne peuvent être renversées l'une sans l'autre.

Alphabet sympathique. — Sorte de sortilège, qu'on peut considérer comme un genre d'*Envoussure* ou d'*Envoûtement*. Il consiste à tracer sur le bras les lettres de l'alphabet au moyen de piqûres faites avec une aiguille, puis à introduire dans ces piqûres, le sang de la personne avec laquelle on veut correspondre, laquelle de son côté a pratiqué sur son bras des piqûres dans lesquelles il a introduit du sang de son correspondant. Alors, quelque éloignées que soient l'une de l'autre de ces personnes, elles peuvent s'avertir de certains événements, correspondre en piquant légèrement les lettres ou du moins les piqûres les représensant, car la personne qui est en corrélation ressens immédiatement une piqûre sur le point touché avec l'aiguille, de sorte qu'avec ces lettres, on écrit des mots et, par suite, on établit une correspondance. Ce genre d'alphabet a reçu le nom d'alphabet sympathique. C'est un genre de *Tatouage* en somme.

Alrumnes ou **Alrunes**. — Démons succubes, qui passent pour avoir été les mères des Huns et qui prenaient toute sorte de formes, mais ne pouvaient changer de sexe. Les anciens Germains nommaient *Alrunes* des figures de bois qu'ils vénéraient comme des *Dieux Lares*, et qui protégeaient leurs maisons contre tout danger. — Les Goths du Moyen Age, désignaient sous ce même terme les Magiciennes.

Amaranthe. — Plante dont la fleur est amaranthe, d'où son nom, c'est la Célosie et qui sert à faire des couronnes qui auraient la propriété de donner la gloire et accorder des faveurs à ceux qui les portent.

Améthyste. — Pierre précieuse qui passe pour garantir de l'ivresse ceux qui la portent sur eux.

Amiante. — Substance minérale incombustible qui, entre autres propriétés, est considérée comme efficace pour conjurer les sorts et les sortilèges. Pline, d'accord en cela avec les Démonographes, prétend qu'elle est employée comme contre-charmes — Cf. de Lancre, *De l'inconstance,* etc. liv. IV, *Disc.* 3.

Amniomancie. — Divination pratiquée au moyen de la membrane amniotique, c'est-à-dire de cette pellicule qui enveloppe la tête et le visage de l'enfant au moment de la sortie du sein de sa mère. On donne à cette membrane le nom de coiffe et l'on croit généralement que c'est une marque de bonheur pour celui qui vient au monde avec cette coiffe, d'où l'expression vulgaire pour désigner un homme heureux : *il est né coiffé.*

« On a vu des avocats assez simples, dit l'abbé Thiers (1), pour s'imaginer que cette coëffe pouvait beaucoup contribuer à les rendre éloquents, pourvu qu'ils la portassent sur leur sein. Elius

---

(1) *Traité des superstitions,* t. Ier, p. 367.

Lampridius en parle dans la vie d'Antonin Diadème et Maiolus dans le deuxième entretien du supplément de ses *Jours caniculaires*, attribue cette simplicité aux avocats romains et dit qu'ils achetaient bien cher cette coëffe dans la pensée qu'elle pourrait leur servir infiniment pour gagner les causes qu'ils plaidaient. ».

Alphitomancie. — Mode de divination au moyen de la farine de maïs; on opérait par ce procédé, comme pour celui de *l'aleuromancie*. Mais nous indiquerons ici un autre mode d'opérer qui nous est fourni par Boissard (1) : « Une jeune fille de bonne et noble maison désireuse de savoir lequel des deux qui la recherchoient (en mariage) seroit son mari; une vieille qui se mesloit de deviner, lui conseilla de mendier ou quester un sol de quelqu'un, avec lequel elle acheta de la farine de froment et d'icelle fit de la paste, de laquelle elle forma une eschelle de sept degrez, laquelle étant faite et consacrée avec certaines paroles magiques, elle mict la nuit en suivant sous son chevet de lict, et dormant elle songea qu'elle voyait celui de ses serviteurs, duquel elle désiroit le plus le mariage, monter l'échelle et estant tombé

(1) Dans son livre de Divination, ch. v, (*De divinatione et magicis præstigiis*). Oppenheim, typis Hier. Gallerie; in-fol. absque anno. — Cf. également Le P. de Lancre, *op. cit.*, p. 233.

au troisième degrez s'estre rompu le col et qu'un autre suivit qu'elle n'aimoit guère, lequel estant allé au-dessus du septième degrez estoit parvenu jusque dans son lict. Or, il advint bientôt après, que celluy qu'elle aimoit uniquement ayans prins la poste pour la venir demander en mariage sestoit rompu le col et qu'elle espousa l'autre, malgré elle, par le commandement de ses parents, lequel mariage fut très infauste et malheureux. »

Aminga. — Plante aquatique, qui croît principalement sur les bords de l'Amazone et qui est douée de la propriété de donner du développement à un muscle particulier à l'homme. — Les Indiens frappent sur ce muscle trois jours avant et trois jours après la nouvelle lune, avec le fruit de l'*Aminga alba*.

Amoloco. — Chez les Congolais, ce terme désigne le prêtre qui a pour attribution spéciale de débarrasser des sorts et des sortilèges, les personnes qui en ont été frappées.

Amulettes. — Objet quelconque qui a la vertu de multiplier sur la personne qui le porte sur soi les influences favorables. — On porte l'amulette soit sur ses vêtements, soit directement sur la peau. Contrairement à sa désinence féminine, ce terme est masculin ; ont dit un amulette. — Cf. — Dictionnaire général de l'archéologie *et des antiquités* chez les divers peuples, par Ernest Bosc, illustré de 450 gravures dans ou hors texte. V° Amulettes.

Ananisapta. — Talisman écrit sur parchemin vierge qui comporte un mot sacré et qui a la propriété de préserver des maladies contagieuses.

Angélique. — Plante qui passe pour préserver des maléfices les enfants, qui la portent au cou, comme amulette.

Anneaux constellés, Bagues constellées. — Anneaux ou Bagues magiques fabriqués sous l'influence de certaines constellations dont ils portent les signes. Au xve et xvie siècle, on désignait sous le nom d'*annelli dei morte*, des bagues, qui renfermaient dans leur chaton, un poison subtil, qu'on inoculait aux personnes grâce à une légère piqûre faite par des griffes cachées du chaton, griffes mises en action par la pression de la main et qui inoculait ainsi, le poison par leur pointe.

Un anneau constellé célèbre était celui du roi Salomon qui pouvait soumettre à son pouvoir avec son aide toutes les forces de la Nature. On le désigne aussi sous le nom de *Sceau*.

Les anneaux constellés rentrent dans la classe des talismans. Il existe aussi l'*Anneau* dit *des Voyageurs* à l'aide duquel on pouvait parcourir un long chemin sans éprouver aucune fatigue, et l'*Anneau d'invisibilité*, comme celui que possédait le roi Gygès et qui rendait invisible à volonté son porteur.

Anocchiatura. — Fascination exercée en Corse soit par la parole, soit par le regard, par l'œil; dans ce dernier cas, on la nomme *Jettatura*, c'est un véritable sort direct, tandis que *Anocchiatura* exerce, par un pouvoir mystérieux, le contraire de ce que souhaite le jeteur de ce genre de sort; il doit donc souhaiter du bien à ses ennemis s'il veut leur faire du mal.

Antirrhium. — Plante magique qui avait, d'après les écrivains de l'Antiquité, le pouvoir d'embellir le visage et de préserver aussi des sortilèges.

Anémoscopie. — Art de la divination, dans lequel on utilise les vents pour connaître l'avenir.

Anthracomancie. — Divination à l'aide du charbon; le devin lit sur la surface du charbon de terre des signes ou des lettres, à l'aide desquels il tire des pronostics.

Anthropomancie. — Divination au moyen de l'inspection des entrailles de l'homme. Ce mode de divination était seulement en usage chez les peuples qui faisaient des sacrifices humains.

Apantomancie. — Divination tirée des objets qui se présentent tout à coup aux yeux du devin; tel des animaux, des oiseaux, des pierres, des bûches, etc., qui se trouvent sur sa route.

Arithmomancie et **Arithmancie.** — L'art de la divination au moyen des nombres et des chiffres. — L'arithmomancie fut très usitée chez les Chaldéens et chez les Grecs. Les philosophes pythagoriciens et principalement les platoniciens pratiquèrent grandement l'arithmomancie.

La science des Nombres a toujours exercé une grande influence sur la plupart des esprits, et, avouons-le, on peut tout faire dire aux nombres en les additionnant, en les multipliant, en les divisant et en opérant des soustractions et surtout en les utilisant par arithmétique théosophique.

Apparitions. — On désigne, sous ce terme, les personnalités du monde physique ou du monde spirituel qui se montrent à nous dans une forme qui nous paraît réelle et palpable. Aujourd'hui, les faits d'apparitions ne font plus de doute pour ceux qui connaissent la *Mystique religieuse,* le Psychisme et la télépathie. — Cf. Goërres, la Mystique et Gurney et Podmore, *les Fantômes des vivants.*

Apports. — Parmi les manifestations psychiques, on doit ranger les apports, c'est-à-dire quantité d'objets qui dans les séances spiritiques, arrivent on ne sait d'où, tombent du ciel, c'est le cas de dire.

Les spirites prétendent sans hésitation aucune que ces apports sont faits par les esprits de l'au-delà ; les Occultistes se contentent d'affirmer que les apports sont bien réels, ils constatent et confirment le fait, mais sans toutefois l'expliquer encore.

Aura. — Effluve qui se dégage du corps de l'homme, c'est une sorte d'émanation fluidique qui entoure le corps, comme d'une lueur phosphorescente, c'est principalement autour de la tête qu'elle apparaît plus visiblement ; le nimbe ou auréole, dont le catholicisme entoure la tête des Saints n'est que la représentation figurée de cette Aura, qui est reconnue et admise par la science, mais qu'il ne faut pas confondre avec l'*aura épileptica*..

Pour les Occultistes, l'aura indique le déplacement du double aithérique ou corps astral, l'*extériorisation* de l'individu remise en lumière en ces derniers temps par divers savants.

Nous savons par des clairvoyants que l'*Aura* humaine est colorée diversement, suivant la complexion de l'individu, suivant son état d'avancement spirituel, etc.

Il est bien fâcheux que nous ne puissions nous étendre ici sur ce sujet intéressant, car il nous faudrait sortir de notre cadre dans des limites par trop étendues.

Archée. — Ce terme a de nombreuses significations et beaucoup de synonymes, mais son sens le plus généralement admis est qu'il désigne l'esprit de l'Univers.

Archétype. — Ce terme est synonyme de Dieu, mais distinct de la nature et de l'humanité, ainsi que du fils et du Saint-Esprit ; en un mot, l'archétype est le Dieu Un et non le Dieu *Trinaire* ou Dieu manifesté.

Armes enchantées. — Dans l'Antiquité et dans le Moyen Age, il y avait quantité d'objets enchantés ; aussi les armes n'ont pu échapper à l'enchantement et dans nos romans du Moyen Age, nous voyons les effets merveilleux opérés par les *Armes enchantées*.

Armomancie. — Divination pratiquée au moyen d'une épaule de mouton (Ἀρμός), surtout par son inspection. — Dans l'Antiquité, on appliquait ce genre de divination aux animaux pour voir si la victime d'un sacrifice serait agréable aux Dieux.

Ars mathematica. — Autrefois au Moyen Age, on désignait sous ce terme la Magie (Voy. ce mot).

Art sacré. — Terme, sous lequel en englobait dans l'Antiquité, tout ce qui se rattachait à l'Occultisme. — Cf. — Dictionnaire d'orientalisme et d'occultisme, V. ART SACRÉ. TOME Ier.

Auto-trance. — Trance hypnotique dans laquelle se plongent les adeptes de l'occultisme pour devenir clairvoyants ou pour obtenir d'autres résultats que nous ne pouvons désigner.

Assazoë. — Herbe magique, originaire de l'Afrique australe, qui a la propriété d'engourdir les serpents, ces reptiles avant d'hiverner, se frottent le corps en se roulant sur cette plante, qui préserve aussi les Psylles de la morsure des serpents. — L'assazoë a également des propriétés magiques et narcotiques. — Cf. LE LIVRE DES RESPIRATIONS ou *l'art de respirer*, passim, 1 vol. in-12, Paris, 1898; et TRAITÉ DU HASCHICH et autres substances psychiques; 1 vol. in-12, sans nom d'auteur.

Astral (*Plan, fluide*). — Plan de l'au-delà, fluide qui sert à relier le monde physique avec le monde spirituel ou invisible. Le fluide astral condensé est une des grandes forces de la nature; c'est le fluide astral qui permet la matérialisation des êtres invisibles, c'est lui qui produit le double humain, le double aithérique de l'homme. Paracelse dénommait ce fluide *Evestrum*.

Nous ne nous étendrons pas plus longuement sur ce sujet qui demanderait de longues pages pour son étude et nous renverrons le lecteur désireux d'étudier ce sujet au DICTIONNAIRE D'ORIENTALISME ET DE PSYCHOLOGIE, vol. 1, p. 130 à 140.

Aspects. — Position relative du Soleil et de la Lune au moment où on les consulte. — Signes recontrés dans le ciel et qui servent à tirer un horoscope. Quand on rencontre dans le ciel trois signes de même nature, on les nomme *trin aspect ;* celui-ci est regardé comme un signe favorable. L'*aspect Sextil* est médiocre, quant à l'aspect carré, il est mauvais.

Aspidomancie. — Mode de divination pratiqué aux Indes au moyen d'un bouclier (Ασπιδος).
— Voici comment on procède : Le devin se place sur un bouclier qui est lui-même déposé au milieu d'un grand cercle tracé magiquement. Il se livre à toutes sortes de contorsions pour amener l'inspiration extatique, ce qui lui permet de prophétiser et les assistants écoutent et interprètent les prophéties du devin.

Asaphins. — Sorciers Chaldéens, mages inférieurs de bas étage qui, pour quelques menues monnaies, expliquaient les songes, tiraient les cartes, disaient en un mot, la *Bonne Aventure*.

Astéroscopie. — Science divinatoire qui associe la magie à la pratique de l'astrologie, son invention est attribuée aux Cariens (1).

Les Empereurs Romains avaient recours, mais secrètement, à ce mode de divination, comme nous l'apprend Spartianus au sujet de Didius Julianus.

Astragalomancie. — Divination au moyen

(1) Clément d'Alexandrie, *Stromat*, I, page 362.

des vertèbres du cou, d'un animal quelconque. Voici comment on procède : on prend une certaine quantité d'osselets des vertèbres du cou et sur l'une de leurs faces, on écrit les lettres de l'alphabet. On mêle les osselets, puis on les tire au hasard, et avec les lettres sorties, on forme des mots qui fournissent au devin, des réponses aux questions posées.

On utilise aussi pour l'astragalomancie de petits dés en bois, sur les faces desquels sont inscrites les lettres de l'alphabet. On tire la réponse comme avec les osselets.

Ce dernier mode de divination est aussi dénommé *Cubomancie*, parce que les dés sont de petits cubes de bois faits généralement avec du laurier.

Astroïte. — Psellus et del Rio, dénomment cette pierre *Minzouris*, *Mizouris* et *Minsuris*, tandis que Pline, d'après Zoroastre, la nomme Astroïte, et nous apprend qu'il faut l'offrir au sacrifice, quand on voit s'approcher de vous un démon ou qu'on ressent autour de soi sa mauvaise influence. Nous pensons que cette pierre est tout simplement une aérolithe.

Aum, Om. — Mot sacré que les Hindous nomment *Panava*; elle se compose de trois lettres mais qui sont inséparables (en sanskrit) car elles sont fondues ensemble et ne forment qu'une (la Trinité). L'*A* uni à l'*O* fournit l'*ô* long ou bien *au*, et l'*o* uni à son tour très étroitement à l'*Anuswâra* forme le son unique *Om*. La Pranava contient donc à la fois l'Unité (*Aom* ou *Om*), la Dualité (*au* et *om*), enfin, la Trinité (*a, u, m*) ; aussi cette syllabe représente comme le chiffre 3 et le triangle, le symbole du triple aspect sous lequel nous essayons de nous faire une idée de l'*Absolu* ou Dieu : Infini, Premier principe, Principe Suprême. Cette syllabe est extrêmement sacrée, aussi est-elle considérée comme la racine de l'Univers, comme des êtres, c'est pourquoi on n'en peut donner la clef, car si on la donnait, ce serait livrer bien des correspondances occultes, qu'il n'est pas permis de révéler. Le secret du son, du nombre et de la lettre ne sont donnés dans l'Inde qu'aux *Chélas engagés*, c'est-à-dire qui ont prêté le serment de ne révéler à qui que ce soit, la manière de prononcer et d'expliquer ce terme.

Axiomancie. — Mode de divination judiciaire employé dès la plus haute Antiquité. — On peut le pratiquer de plusieurs manières, comme on va voir.

Pour trouver par exemple les auteurs d'un vol ou découvrir des trésors, on place un court bâton, une hache en équilibre parfait ; puis, après avoir fait quelques prières ou invocations, le juge appelle un à un les noms des personnes soupçonnées de vols. Si la hache tombe à l'appel de certains noms, leur porteur sont présumés coupables.

Voici un autre mode de procéder.

On pose à terre la hache, le haut du fer appuyé sur le sol, le manche se dresse donc en l'air; alors des gens dansent en rond autour de la hache et quand celle-ci tombe, la direction du manche indique la voie à suivre pour découvrir le coupable.

Pour la découverte d'un trésor, on doit faire rougir le fer de la hache, puis le tranchant placé bien verticalement en l'air, on pose une bille d'agate bien ronde sur le tranchant; si la bille reste en équilibre sur celui-ci, il faut en conclure qu'il n'y a point de trésor à l'endroit où se pratique l'expérience. Au contraire, si la bille tombe, on fait les conjurations et dans le cas, où elle roule trois fois de suite du même côté, on peut supposer qu'il existe un trésor dans le voisinage où a roulé la bille.

B

Baaras. — Plante magique que les Arabes nomment *Herbe d'or*. On prétend qu'elle ne croît guère que sur le mont Liban ; elle est utilisée en magie pour rompre les charmes et les sortilèges, elle sert donc de contre-charmes, de plus, elle aurait le pouvoir de chasser les démons des corps de possédés. — ELIEN (*De animal.* liv, XIV, ch. XXVII), attribue les mêmes vertus à l'AGLAOPHOTIS. (Voir ci-dessus). Les exorcistes utilisaient la fumée odorante de cette plante pour exorciser. D'après l'historien Josèphe (Liv. VII, *cap.* 25), on ne saurait toucher à cette plante sans mourir. Une fois arrachée, par un procédé quelconque, aussitôt qu'on place la plante auprès des possédés, les démons s'enfuient.

Bœtiles. — Pierres symboliques auxquelles on attribue des propriétés magiques.

Baguette divinatoire. — Branche de coudrier, d'aune, de noisettier, terminée en fourche et qui sert à découvrir les sources, les mines de métaux, les trésors cachés dans le sein de la terre. Quand le sorcier arrive sur le point précis où se trouve une source ou un objet à découvrir, la baguette qu'il tient par l'extrémité de la fourche entre l'index de sa main droite et celui de sa main gauche, se met à tourner. On nomme *Bacyllogyre* l'homme doué de la faculté de faire tourner la baguette sur certains effluves.

L'art de la baguette divinatoire remonte à une haute antiquité ; beaucoup de démonographes en trouvent l'origine mentionnée dans les *Ecritures Saintes*, où il est dit : « Mon peuple a interrogé le bois, et le bois lui a répondu. »

Strabon et Philostrate nous apprennent que la baguette divinatoire était en usage chez les Brahmes et chez les prêtres persans. La Baguette divinatoire sert aussi à découvrir les maléfices, les voleurs, etc. Généralement, les fées et les sorcières portent avec elles des baguettes divinatoires, et c'est probablement de cet emploi que date l'usage du bâton augural que portait Romulus, et après lui, les Augures. — La Verge de Moïse pourrait avoir également la même origine, car il ne faut pas confondre cette verge avec le *Pedum* ou bâton, signe du chef, *signe de commandement*. Lire comme complément l'article suivant et chapitre XII, DE L'AIMANTATION UNIVERSELLE.

Baguette magique. — Les fées, de même que les sorcières, n'utilisent pas seulement la Baguette divinatoire, elles emploient aussi la *Baguette magique*. Celle-ci, quand elle est faite d'une matière ligneuse, d'une branche, au lieu d'être fourchue est un simple bâton en coudrier, mais fait d'une pousse de l'année ; cette tige doit être coupée, entre onze heures du soir et minuit, le premier mercredi de la lune et en prononçant certaines formules rituelles ou sacramentales. La Baguette magique est souvent faite aussi avec un bâton de bambou à sept nœuds. Voy. Verge et Maraca.

Bahir. — Livre attribué à d'anciens rabbins, et qui traite des mystères de la haute kabbalah juive. — Il serait mieux de dire *Bakir*.

Baphomet. — Représentation symbolique du Démon ; c'est la forme sous laquelle il se fait adorer au sabbat, il prend également cette même forme ou celle d'un bouc noir dans ses entrevues avec les sorcières. Cet être symbolique a la tête du bouc, les seins flasques d'une femme, le corps d'un homme et les pieds du bouc.

D'après quelques mythographes, le Baphomet serait aussi le symbole de l'esprit descendu dans la matière. Dans la *Messe noire* ou messe à rebours, le Baphomet joue un grand rôle, sur lequel nous ne saurions insister ici. — Voy. Bouc.

Barat. — Maladie de langueur très fréquente en Bretagne, et que les gens du pays attribuent à un sort jeté sur la personne, qui est atteinte du Barat.

Bascanie. — Genre de fascination très utilisée par les magiciens grecs, et qui trouble à tel point celui qui le subit, qu'il voit tout différents de ce qu'ils sont, tous les objets qui s'offrent à sa vue.

Bâtons. — Il existe en Occultisme et en Magie un grand nombre de *Bâtons* : le *Bâton* *augural*, dont nous avons dit un mot à Baguette (V. ci-dessus) et qui était terminé en forme de crosse. Il était utilisé par les Augures dans leurs divinations ; le *Bâton du bon voyageur* est un bâton de sureau, qui, après avoir été consacré magiquement, possède la propriété de préserver les personnes qui s'en servent, des attaques des brigands, des bêtes féroces et des bêtes venimeuses, ainsi que de tous autres périls pouvant atteindre le voyageur en marche.

Baume universel. — Cet ingrédient composé par les alchimistes servait à guérir toutes les maladies : c'est un succédané de la *Panacée Universelle*.

Bélomancie. — Divination au moyen des flèches. Ce mode était surtout employé chez les Orientaux, principalement chez les Arabes qui le dénomment *Alazlam*. Les Chaldéens, les Scythes, les Slaves et les Germains pratiquaient ce mode de divination, pour lequel on procède de plusieurs manières. L'une d'elles consiste à prendre un paquet de flèches, marquées de divers augures. On en tire un certain nombre au hasard et l'on déduit des marques ou signes qu'elles portent, le succès ou l'insuccès des actes projetés.

Un autre mode d'opérer consiste à prendre trois flèches ; la première ne porte aucune inscription, la seconde porte : *Dieu l'ordonne*, la troisième : *Dieu le défend*. On place les trois flèches dans un carquois et l'on en tire une ; si la seconde sort, on peut se lancer dans l'entreprise projetée, si c'est la troisième, il faut s'abstenir ; enfin si c'est la première, l'opération est à recommencer.

Ce genre de divination a été employé par Nabuchodonosor, comme nous l'apprend Ezéchiel (XXI, 26.) :

« Le roi de Babylone (Nabuchodonosor) s'est arrêté sur le carrefour à la tête de deux routes ; il y a mêlé les flèches, il a interrogé les idoles, » et suivant la flèche amenée par le roi, il décida de prendre l'une ou l'autre route. — La Bélomancie s'est perpétuée chez les Arabes jusqu'à Mahomet.

Berger. — Dans l'Antiquité et à l'époque du Moyen Age, le berger passait pour sorcier, *jeteur de sorts*.

On croyait qu'il était en commerce constant avec le diable, et que, par conséquent, il était capable de commettre toute sorte de maléfices.

Beurre des sorcières. — Vomissement de couleur aurore des chats ; ces derniers seraient donnés aux sorcières par le diable : elles les envoyaient voler de côté et d'autre, à droite et à gauche, or, comme ces animaux étaient fort goulus, ils mangeaient tant qu'ils étaient obligés de vomir; c'est ce vomissement qu'on dénomme *Beurre des sorcières* et qu'elles utilisaient de diverses façons. Il ne faut pas confondre le *Beurre* avec l'*Onguent des sorcières*, dont elles s'oignaient certaines parties du corps pour être transportées au Sabbat. — Voy. Onguent.

Bible du diable. — Ce terme sert à désigner un *Grimoire* qui contient les rites diaboliques et les formules de Goëtie.

Bibliomancie. — Divination à l'aide d'un livre (βιβλος). Voici comment on opère : on ouvre un gros livre, souvent une Bible, au moyen d'une forte épingle d'or, et on en tire un présage d'après le premier ou les premiers mots écrits en tête de la première page.

Bostrychomancie. — Divination au moyen des boucles de cheveux. On peigne une tête d'enfant, dont la chevelure est bouclée, et suivant la disposition que prennent les frisons de cette chevelure, on l'interprète dans tel ou tel autre sens pour le consultant.

Botanomancie. — Divination obtenue à l'aide de feuilles ou rameaux d'arbres. On écrit sur une feuille le nom et la question du consultant et le devin tire ensuite son augure.

Bouc noir. — Forme sous laquelle le diable se montre à ses adorateurs. Il ne faut pas confondre le Bouc noir et le Baphomet; le premier sert de monture aux sorcières qui se rendent au Sabbat.

Brizomancie. — Divination par l'inspiration de la déesse du sommeil Brizo : c'est l'art de deviner le passé et l'avenir par les songes naturels ; c'est l'*Onéirocritie* ou *Onéirocritique*.

Buisson épineux. — Chez les Grecs de l'Antiquité pour éloigner les Esprits malfaisants d'un malade, on attachait à la porte de sa maison un buisson ou fagot de bois épineux.

C

Cabbale. — Ce terme qu'on devrait écrire plutôt *Kabbalah*, puisqu'il dérive de l'hébreu, signifie *Tradition*. On l'écrit aussi quelquefois *Quabalah*, il sert à désigner des choses diverses, et il a différentes significations, comme nous allons voir :

1° C'est la *Tradition* ou *Doctrine ésotérique* transmise oralement, les textes hébraïques disent *de bouche à bouche*, et d'âge en âge, de père en fils. C'est ce que les Juifs nomment *Loi orale* par opposition à la *Loi écrite* que Dieu donna à Moïse sur le Sinaï. Une fois descendu de ce mont et rentré dans sa tente. Moseï (*Mosché*) communiqua à son frère Aaron l'explication qu'il avait reçue de

Dieu ; il en fit part à Eléazar et à Ithamar, fils d'Aaron, puis à soixante-dix vieillards qui composaient le Sanhédrin, enfin à tous les Israélites qui voulaient l'entendre, de sorte que les Enfants d'Israël avaient entendu l'explication de la *Loi*, une fois, les soixante-dix vieillards deux fois, Eléazar et Ithamar trois fois et Aaron le Grand-Prêtre, quatre fois.

2° Ce terme désigne aussi l'interprétation que les Rabbins et les Docteurs juifs ont donnée, soit du texte de l'Ecriture, soit des mots, et même des lettres dont se compose le texte et dans ce but, ils le soumettent à certaines combinaisons. Ce genre de cabale se divise en trois parties : la *Gematria*, la *Notaricon* et la *Thémurah*.

A. — La Gematria consiste à prendre les lettres d'un mot comme des chiffres et à expliquer ce mot par la valeur de ceux-ci.

B. — La Notaricon consiste à prendre chaque lettre d'un mot pour une diction entière.

C. — La Thémurah, c'est-à-dire changement consistant à tirer un autre sens d'un mot, soit en séparant les lettres qui le composent, soit en transposant ces mêmes lettres. — Cette dernière cabale est dite *Artificielle*.

3° **Cabale pratique**. — C'est la science à l'aide de laquelle on opère les œuvres magiques ; c'est par elle que Moïse, Josué, Elie et d'autres

Thaumaturges accomplirent des phénomènes, qui n'étaient pas à la portée du vulgaire et que celui-ci dénommait dès lors, *Miracles*.

C'est à l'aide de cette cabale que Salomon (Schlòmo) arriva à bâtir le temple de Jérusalem. — Cette cabale a été consignée en un livre publié par le rabbin Isaac Ben-Abraham, au commencement du xviiie siècle.

De toutes les cabales, la plus importante de beaucoup, c'est la suivante :

4° **Cabale philosophique.** — Cette cabale contient sur Dieu, sur l'homme et sur l'univers (*Aziluth*) une métaphysique particulière. Elle se divise en deux parties principales : l'une appelée *Bereschit* (Livre des principes) relative à tout ce qui se rattache à la connaissance de la terre ; et l'autre *Mercabah* ou le Chariot, dans laquelle se trouvent toutes les explications nécessaires à l'intelligence de toutes les vérités. — On la désigne sous le nom de *Chariot*, par allusion au chariot d'Ezéchiel. — Ces deux Sciences sont sacrées, on ne peut parler du Bereschit devant plus de deux personnes ; quant à la *Mercabah* ou *Mercavah*, il est défendu de l'expliquer devant qui que ce soit.

Voici quelques principes que l'on trouve dans la Cabale philosophique.

1° Rien ne se fait de rien. — 2° Aucune

substance n'a donc été tirée du néant. — 3º Donc la matière n'a pas été tirée du néant. — 4º Mais elle ne doit pas son origine à la substance qu'elle nous montre. — 5º Il n'y a donc pas plusieurs matières, ni une matière proprement dite. — 6º Tout ce qui est, est fluide ou esprit. — 7º L'Esprit est incréé, éternel, intelligent, sensible et contient en lui le principe des mouvements. — 8º Tout ce qui existe émane de l'Esprit Universel ou infini, l'Aïn-Soph. — 9º Plus les êtres sont proches de cet esprit infini, plus ils sont grands et divins. — 10º Le monde est émané de Dieu, il doit être regardé comme Dieu même, qui, étant caché, Incognoscible, Incompris dans sa pure essence, s'est manifesté et rendu pour ainsi dire visible à l'homme par ses émanations.

Ce sont ces émanations qui ont créé dans l'Univers, trois mondes différents : *Aziah, Ietzirah* et *Briah*, lesquels correspondent aux trois divinités fondamentales de l'homme : *Nephesch, Ruach* et *Neschamach*.

De la cabale juive sont dérivées, la cabale grecque, la cabale chrétienne et autres encore. — Les Adeptes de la Cabale, sont dénommés cabalistes. — D'après Ragon, la cabale est la clef des sciences occultes. — Cf. Ragon, *Maçonnerie occulte* p. 493-94.

Cacoux. — Nom qu'on donne en Bretagne à

certains cordiers qui passent pour sorciers. Anciennement c'étaient ces cordiers et qui fabriquaient les cordes pour les tortionnaires ou pour les bourreaux, quand la pendaison était utilisée comme genre de mort pour les criminels. — Les cacoux, qu'on dénommait aussi *Caqueux*, vivaient à l'écart des hommes, ne se mariaient qu'entre eux et ne mettaient jamais les pieds dans une église ; ils vendaient des sorts, des amulettes et des talismans, ainsi que divers remèdes empiriques pour les maladies spéciales.

Cactonite. — Pierre merveilleuse qui, dans l'Antiquité, servait de Talisman et rendait victorieux les généraux qui la portaient sur eux.

Calice du Sabbat. — Dans l'horrible sacrilège dénommé *Messe noire* ou *Messe à rebours*, l'officiant emploie un calice noir pour dire la messe et invoquer le Démon à l'élévation.

Canidia, Canidie. — Célèbre magicienne et empoisonneuse de l'Antiquité, mentionnée par Horace ; elle pratiquait des envoûtement à l'aide de figures de cire et utilisait des conjurations magiques pour obtenir la réalisation de ses désirs.

Capim ou Kapin. — On désigne sous ce terme au Brésil, le suc très caustique extrait d'une liane amère qui produit une sorte d'anesthésie ou stupeur analogue à celle du Haschich.

— Les *Pages* ou Sorciers se mettent en *trance*, à l'aide de cette liqueur.

Capnomancie. — Divination au moyen de la fumée. On procède de la façon suivante : on jette au feu des graines de pavot, de sésame ou autres graines oléagineuses, puis on observe attentivement la fumée produite par leur combustion. Si cette fumée est légère et transparente et qu'elle s'élève vers le ciel, c'est un signe favorable ; dans le cas contraire, si cette fumée se répand épaisse, dense autour de l'autel, c'est d'un fâcheux augure.

Le devin tire aussi des inductions des lignes ou figures formées par les capricieux méandres de la fumée, s'élevant dans les airs.

La verveine et autres plantes sacrées, principalement des plantes psychiques, sont souvent utilisées dans la Capnomancie.

Carrés magiques — Ces carrés sont de diverses sortes. Il y a ceux qui se rattachent à la géomancie kabbalistique, c'est-à-dire ceux qui servent à la Divination et qui se rattachent à la kabbalah et à la *Science des Nombres* qui utilisent pour leurs opérations des points ou petits cercles, dont les combinaisons amènent la connaissance de l'avenir ; il y a ensuite ceux qui sont divisés en cases, dans lesquelles sont inscrits des nombres, de manière à fournir toujours la même somme, quel que soit l'ordre dans lequel, on additionne les chiffres inscrits dans les cases, c'est-à-dire qu'on les additionne horizontalement, verticalement ou diagonalement; voici un de ses carrés :

4	9	2
3	5	7
8	1	6

Le présent carré n'a que trois côtés, mais on peut faire des carrés magiques de cinq, sept et neuf côtés, car il faut toujours que, dans le carré magique, le nombre des cases qui forment ses côtés soit impair.

Les carrés magiques sont encore aujourd'hui très usités dans tout l'Orient principalement parmi les Guèbres, les Hindous, les Thibétains, les Chinois et autres peuples. — Les carrés magiques, quand ils sont utilisés comme talismans, doivent être écrits sur parchemins vierges. — Voy. Parchemin.

Cartomancie. — La divination au moyen de cartes. La racine de ce terme fait qu'on disait aussi anciennement *Chartomancie*, de *charta* carte. La cartomancie est également *l'art de tirer les cartes*. A quelle époque remonte ce mode de divination ? Il est bien difficile de le dire, car le jeu du Tarot qui est le véritable mode de divination par les cartes, se perd dans la nuit des temps. Mais en ce qui concerne plus particulièrement la cartomancie, il paraît qu'elle n'a fait son apparition en France, que sous le règne de Louis XIV. Il est probable qu'antérieurement au xve siècle et au xvie, cet art était connu, mais nous n'en trouvons aucune trace dans notre histoire.

Les *Mémoires* de Saint-Simon, au contraire, nous apprennent qu'une dame de Clérembeau, fille du secrétaire d'Etat Chauvigny, était connue dans le *Grand monde* pour prédire l'avenir au moyen des cartes.

Nous n'insisterons pas davantage sur ce mode de divination très connu et très répandu, et qui demanderait un volume, si nous voulions définir tous les systèmes employés et donner la signification des cartes comme *grand jeu* ou *petit jeu*.

Catoptromancie. — Divination au moyen d'un miroir quelconque ; mais aussi d'un miroir magique Ce mode de divination a été employé très anciennement ; divers auteurs de l'Antiquité, entre autres, Pausanias et Spartien en ont parlé dans leurs écrits. Les modes d'opérer sont extrêmement variés.

Cauchemar. — Tout le monde sait ce qu'est le cauchemar : c'est une sorte de mauvais rêve à tel point angoissant, que l'individu qui le subit, craint parfois de manquer de respiration, tant est forte l'oppression qu'il ressent. Tel est, en général, l'effet du cauchemar, mais quelle en est la cause ? Une grande fatigue avant de s'endormir, le ventre creux ou trop plein au moment de se coucher, peuvent également provoquer le cauchemar ; telles sont les principales causes physiques, auxquelles on peut joindre des causes morales : chagrin, afflictions, grandes contrariétés, ambition déçue, douleurs, soucis, excès de travail, etc., etc., en un mot toute cause déprimante, physique ou morale, peut donner le cauchemar ; mais ces causes sont extérieures, *Exotériques* comme on dit en langue occulte, or le cauchemar peut également provenir de causes *Esotériques*, c'est-à-dire cachées pour la généralité des hommes. Ainsi des invisibles, c'est-à-dire des êtres du monde astral (de l'au-delà) peuvent parfois, le plus souvent, causer à l'homme du cauchemar en comprimant sa poitrine ou son ventre ou ces deux portions du corps à la fois, de sorte que l'individu qui subit ce mauvais rêve, ne peut ni crier, ni parler, ni parfois respirer. Ainsi on rêve qu'on se trouve en présence de malfaiteurs, on veut fuir et les jambes refusent leur concours, on a une arme quelconque, on veut s'en servir mais tous vos membres sont comme paralysés ; on veut crier, appeler au secours et la voix reste muette dans la gorge.

Mais comment ces êtres, ces invisibles, ces véritables malfaiteurs de l'astral peuvent-ils avoir le pouvoir ou seulement la faculté de tourmenter ainsi l'homme ? Ceci serait trop long à expliquer et nous ferait sortir du cadre très synthétique que nous nous sommes imposé ; aussi nous bornerons-nous à dire que la responsabilité de l'homme, son libre arbitre est fort peu de chose, et pour rester libre et indépendant, il doit être ou tout au moins s'efforcer d'être, absolument bon et moral pour attirer à lui les bonnes influences, car dans le cas contraire, s'il est mauvais, vicieux ou cupide, adonné au mal, il attira de mauvaises influences qui pourront le conduire jusqu'au crime. Nous n'insisterons pas davantage sur cet intéressant sujet qui demanderait encore bien des pages pour son développement et nous dirons simplement, que pour nous qui étudions l'occultisme depuis plus de trente années, nous pouvons affirmer que l'*Invisible* joue un très grand rôle, un rôle prépondérant dans l'existence humaine.

Ceinture Magique. — Ceinture douée de certaines propriétés, qu'on fait porter à des malades atteints de certaines maladies, afin de les en guérir. Il existe de nombreux genres de ces ceintures, l'une des plus célèbres dit la *Ceinture de Saint-Jean* est faite avec des feuilles de fougères mâles, cueillies la veille de la Saint-Jean à midi et tressées de façon à former le caractère magique HVTI.

L'usage de ces ceintures n'a pas disparu de nos jours ; ainsi, il existe une *Ceinture d'Ismaël*, croyons-nous qui est formée d'une double bande de toile qui renferme des plantes odoriférantes, et qui aurait, d'après son inventeur, la propriété de faire maigrir. Les ceintures électriques ou magnétiques pour obtenir le même résultat ou pour chasser les douleurs névralgiques ou les douleurs arthritiques ne sont que des dérivés de la ceinture magique ; il en existe quantité d'autres, les ceintures vitalistes pour renforcer la vie ; les ceintures fortifiantes etc., etc.

Céphalomancie. — L'art de divination au moyen d'une tête d'animal quelconque, mais plus particulièrement avec celle d'un âne. Tandis que les Lombards employaient pour cette mancie une tête de chèvre, les Germains faisaient cuire une tête d'âne et en arrachant les chairs cuites, ils en tiraient certains présages.

Cercles. — Il existe en occultisme et en magie quantité de cercles ; nous dirons quelques mots des plus importants ou des plus connus : *Cercle magique*, celui dans lequel le Mage ou Magicien doit s'enfermer avant de procéder aux opérations magiques, aux *Œuvres Magiques*.

On peut tracer ces cercles de diverses manières ; les Grimoires en donnent différentes descriptions, mais le meilleur cercle magique est celui qui est tracé de la manière suivante : on prend une épée et on trace autour de soi, un cercle sur le sol, de manière à occuper le centre du dit cercle. On peut aussi, à l'aide du charbon, de la craie ou de la sanguine rouge, etc., tracer ce même cercle.

Le *Grand Grimoire*, nous apprend qu'en entrant dans le cercle magique, le magicien ne doit porter sur lui, aucun métal impur, c'est-à-dire fait avec d'autres métaux que l'or ou l'argent.

Le *cercle des fées* est un cercle ou une circonférence de gazon qui se trouve très vert au milieu d'un terrain sec et aride.

Le *Cercle des sorciers*, qu'on nomme aussi *Cerne* est celui qui est tracé par ces Goëtiens pour évoquer le Démon du mal.

On nomme cercle des neuf planètes ou *Navakiraka-Sakkaram* le tableau astrologique des Brahmes.

Quand Chiva (*Siva*) donne ce cercle à sa femme *Parvati*, il lui dit : que quiconque adorerait la Divinité avec le Sakkaram coordonné ainsi qu'il le prescrit, recevrait le pouvoir de créer tous les mondes et que Brahma avait reçu par lui le pouvoir de créer.

Chaîne magique. — Champ d'attraction fluidique que crée autour de lui dans le monde visible et dans le monde invisible le Magicien, et grâce auquel il peut être secondé dans ses œuvres magiques.

Chaldéens. — Habiles magiciens, qui créèrent ou perfectionnèrent les divers arts magiques. Dans le monde visible et dans le monde invisible, il existe des genres très divers de Chaldéens. — Cf. *La Doctrine Esotérique à travers les âges*, ch. xiv, *La Doctrine chez les Chaldéo-Assyriens.*

Chaman ou **Schaman.** — Nom du sorcier dans certaines contrées de l'Asie septentrionale et de la Siberie.

Les Tchouktchis maltraitent fort souvent leurs chamans, nous dit Wrangel (Tome I, page 265, *Le Nord de la Sibérie*, trad. franç.) Mais ceux-ci demeurent inflexibles. Pour prophétiser les Chamans s'excitent en frappant sur une sorte de tambour dénommé *Boubna.*

Chance. — Terme vulgaire qui sert à désigner le bonheur qu'obtient un individu, sans avoir rien fait en apparence pour l'obtenir ; d'où les expressions ; avoir de la chance au jeu, en amour, dans ses affaires, etc. C'est là une idée très fausse. car l'homme n'a que le bonheur que lui mérite son *Karma*.

Chardins. — Astrologues ou magiciens chaldéens qui exerçaient l'art magique, par tous les modes usités.

Charmes. — Enchantements, sortilèges, sorts pratiqués de diverses façons pour produire des effets divers sur les personnes qui sont le but des charmes. — Il existe un très grand nombre de charmes et de sorts, dans les *Grimoires*, on peut trouver de nombreuses formules pour pratiquer des charmes et un grand nombre d'autres pour des CONTRE-CHARMES (voy. ce mot).

Chiromancie. — Divination par l'inspection des lignes de la paume de la main ou signatures astrales, dont les principales sont : la ligne de vie, la ligne de cœur, la ligne de tête, la Saturnienne, la ligne d'Apollon, etc. — La forme des doigts et de la main, la souplesse ou la dureté des chairs sont autant de marques qui servent aux chiromanciens à tirer des pronostics.

La chiromancie a été pratiquée dès la plus haute Antiquité chez presque tous les peuples; chez les Chaldéens, chez les Phéniciens, les

Egyptiens, les Etrusques, les Grecs et les Romains.

Aristote la considérait comme une science véritable. Au Moyen Age, les sorcières et les bohémiennes disaient la bonne aventure surtout par l'inspection des lignes inscrites, des étoiles, des carrés, des triangles et des réticules de la paume de la main.

Les principaux auteurs de chiromancie sont : Arthémidore, Fludd, Johannès de Indagine, Ph. de May de Franconie (1), Careau de la Chambre, d'Arpentiny, Ledos, Mme de Thèbes et Desbarolles. Ce dernier chiromancien a écrit un fort beau livre qui résume toute la science sur cette question intéressante.

Nous ajouterons que la Chiromancie de Philippe de May est en contradiction sur des points assez importants avec les autres chiromancies parues avant et après cet auteur.

Le Père Delrio distingue, lui, deux sortes de chiromancies : l'une physique, l'autre astrologique. D'après le célèbre jésuite, la première, seule, serait permise, parce qu'elle borne ses recherches à la connaissance par les lignes de la main du tempérament du corps et que par celui-ci, elle conjecture des inclinations de l'âme, ce qui est tout naturel ; tandis que la chiromancie

(1) Nous avons réédité cet opuscule, auquel nous avons ajouté une chiromancie synthétique,

astrologique serait une pratique coupable, condamnée par l'Eglise, parce qu'elle a la prétention d'établir entre les lignes de la main et telle ou telle autre planète, des influences sur les événements moraux et le caractère des hommes, ce qui est blâmable.

Par les lignes de la main, les bons chiromanciens peuvent révéler des faits surprenants, car l'expérience a démontré la réalité de la science chiromantique, mais comme dans tous les arts divinatoires, les charlatans sont toujours plus nombreux que les devins véritables. On dit également *Chiroscopie*, mais le terme est beaucoup moins usité.

Chaudrons. — Les vibrations quelles qu'elles soient, exercent sur le système nerveux des influences diverses. Beaucoup de nos lecteurs savent par exemple, que, dans la campagne, pour rassembler en un seul point, en boule compacte, un essaim d'abeilles qui se disperse, il suffit de frapper sur un chaudron de cuivre ou une forte casserole et, au bout de quelques minutes, les abeilles se massent les unes sur les autres en un peloton compact sur l'arbre au-dessous duquel on frappe ; de là, le préjugé de croire qu'en frappant sur un chaudron, on peut, par ce moyen, éloigner d'un lieu quelconque les mauvais esprits, les spectres et les fantômes.

Chemise de nécessité. — Sorte de chemise chargée de caractères magiques que revêtaient les sorcières allemandes du Moyen Age, quand elles croyaient avoir à craindre de subir des maux divers.

Chevesche. — Nom qu'on donnait aux sorcières, qui avaient la réputation de sucer comme des vampires, le sang des jeunes enfants. — La chevesche est une sorte de grande chouette qui aime à se repaître de sang.

Chrysopée. — Nom, sous lequel les Alchimistes désignent la Pierre Philosophale.

Chrysoprase. — Pierre précieuse qui a la propriété de fortifier les vues affaiblies.

Clavicules de Salomon (Schlômo). — Ouvrage de magie, qui a été attribué au roi Salomon; primitivement écrit en hébreu, il a été traduit dans un grand nombre de langues. Cet opuscule est un véritable trésor pour la science occulte. Il contient non seulement des conjurations et des formules magiques, mais encore, en une grande évocation, il synthétise en une cérémonie, presque tous les enseignements magiques.

Clédonismancie. — Mode de divination usité en Syrie et en Perse ; il consiste à donner certaine interprétation à des mots ou à des phrases prononcées et articulées d'une certaine façon ou dans des circonstances particulières.

Parfois l'étymologie d'un nom ou les lettres qui le composent peuvent fournir des renseignements et faire bien ou mal augurer d'un événement survenu à une personne dont le nom est l'objet d'une étude.

On rapporte que Léotychide, roi de Sparte, écoutait un jour un Samien qui l'engageait à entreprendre la guerre contre les Perses. Le roi demanda à cet homme son nom, et ayant appris qu'il se nommait Ilégésistrate, c'est-à-dire *Conducteur d'armées,* il s'écria : « C'est bien, j'accepte l'augure », et en effet Léotychide vainquit les Perses.

Clédonomancie ou **Cleidomancie**. — Divination pratiquée au moyen d'une clef; on utilisait surtout ce procédé pour découvrir les criminels et les voleurs. — Voici comment on opérait : on écrivait sur une feuille de papier les noms des individus soupçonnés, puis on tortillait ce papier autour d'une clef, qu'on attachait à une Bible qui était placée entre les mains d'une jeune vierge. Le devin nommait à voix basse les noms inscrits sur le papier; quand celui-ci remuait, se détordait légèrement, c'était une preuve que le devin avait désigné le coupable. Si le papier restait insensible, immobile, on inscrivait d'autres noms de personnes soupçonnées. — Encore de nos jours ce moyen est utilisé en Russie.

Cléromancie. — Divination faite au moyen d'osselets, de dés, de fèves noires ou blanches, de cailloux ou autres objets, qu'on tirait au sort. — Suivant les objets employés pour ce genre de divination, cette pratique prend des noms divers : *Cubomancie* ou *Pettimancie* (cubes ou dés), *Astragalomancie* (osselets), *Béphomancie* (cailloux), *Pissomancie* (pois), *Sycomancie* (feuilles),etc.,etc.

Conjurateurs. — Magiciens ayant une puissance fluidique assez forte pour conjurer les Démons, les tempêtes et autres cataclysmes de la Nature ; ces magiciens obtenaient ces résultats par simple *Conjuration*, c'est-à-dire qu'on obtenait, au milieu d'eux, chez quelques personnes, des effets analogues à ceux qu'on remarqua plus tard chez de pieux visiteurs de la tombe du diacre Paris. Ce diacre était Janséniste, il mourut en 1727 et ceux dont il avait partagé les idées et les opinions religieuses, c'est-à-dire les Jansénistes en firent bientôt un Saint; c'est sur son tombeau que s'accomplirent de nombreux « miracles » et qu'on pratiquait une sorte de culte qu paraît si idolâtrique à l'archevêque de Paris, qu'il dut l'interdire. Cette sorte d'épidémie d'extase se manifestait par d'horribles convulsions, durant lesquelles le convulsionnaire éprouvait une perte totale de sensibilité dans tous ses membres, mais acquérait, en revanche, une exaltation considérable de ses facultés intellectuelles. Nous n'insisterons pas plus longuement sur ce sujet.

Contre-Charmes. — Moyens divers : talismans, drogues, recettes de divers genres, employés pour détruire ou conjurer les sorts ou les CHARMES (Voy. ce mot).

Coquille d'œuf. — Il est d'usage, quand on a mangé des œufs à la coque de briser leur coquille, une fois l'œuf vide.

D'où provient cette coutume ?

Du Moyen Age, parce que les sorciers écrivaient des formules magiques et des évocations pour attirer des malheurs sur certaines personnes, et les enfermaient dans les coquilles d'œufs vidés ; de là l'usage de briser les coquilles d'œufs, usage qui s'est conservé jusqu'à nous.

Cornes. — Quand dans la rue, on rencontre dans certains pays des hommes que l'on suppose être des *sorciers*, qui peuvent donc vous jeter un sort, on doit discrètement, c'est-à-dire sans qu'ils s'en aperçoivent leur faire les cornes avec les doigts de la main, l'index et l'auriculaire tendus et les autres doigts fermés.

Cette pratique a pour but de conjurer la funeste influence de ces envoûteurs. — De là vient l'habitude qu'ont les Italiens de porter les amulettes en corail ou autres matières en forme de main avec l'index et l'auriculaire dressées. Ces amulettes conjurent de la *Jettatura*.

Corps astral. — Voy. *Astral*.

Corybantisme. — Sorte de possession démoniaque, véritable délire qui s'emparait des Corybantes ou Prêtres de Cybèle et qui survenait à la suite de danses effrénées qu'ils exécutaient au son des cymbales et des tambourins, de boucliers métalliques heurtés l'un contre l'autre et cela, avec le concours d'hymnes vociférées à pleine voix.

Les Derviches tourneurs et hurleurs se mettent dans le même état que les Corybantes en tournant sur eux-mêmes et en poussant des hurlements.

Cosquinomancie. — Divination pratiquée au moyen d'un crible, d'un sas ou tamis. — On place un crible ou tamis sur des tenailles qu'on prend avec deux doigts, puis on nomme les personnes soupçonnées de vols, larcins ou crimes quelconques, et l'on reconnaît le coupable quand tourne le crible, sous le nom d'une personne soupçonnée.

Coupes magiques. — Dans tout l'Orient, on fait un grand usage des *coupes magiques*. Elles sont faites de matières diverses et servent à des pratiques variées.

Beaucoup de coupes portent gravées dans leur intérieur des signes ou figures kabbalistiques ou magiques des versets du Koran et des sentences diverses. — Ces coupes peuvent parfois être considérées comme des Talismans, car elles procurent à ceux qui s'en servent pour se désaltérer des biens et des avantages divers : garantir du poison, guérir de certaines maladies et prédire l'avenir par l'Hydromancie, etc., etc.

Couril. — En Bretagne, on désigne sous ce terme, une sorte de gnome, d'élémental, d'esprit nain, qui hante les abords des pierres celtiques. Ces êtres sont tantôt malicieux et tantôt serviables pour l'homme.

Couronne Magique. — Couronne servant au transfert sur la tête de celui qui la porte, de certaines influences bonnes ou mauvaises. Ce transfert est aujourd'hui un fait absolument démontré, dès lors accepté par la science. Dans de pareilles couronnes, on peut emmagasiner même des activités cérébrales. Des expériences du regretté Dr Luys l'ont surabondamment démontré. On savait du reste de longue date que l'action du fluide magnétique, par exemple, persiste dans un barreau de fer aimanté et que ledit barreau ne se désaimante que dans certaines conditions. — Partant de ce principe le Dr Luys a pu constater qu'en plaçant sur la tête des sujets en état hypnotique des couronnes de fer aimanté, celles-ci emmagasinaient non plus des vibrations de nature magnétique, mais bien de nature vivante, de véritables vibrations cérébrales propagées à travers la paroi cranienne, lesquelles vibrations persistent un temps plus ou moins long suivant l'état et la condition du sujet.

Pour constater ce phénomène, le Dr Luys ne pouvait employer un instrument physique muet, impuissant à répondre, aussi utilisa-t-il un réactif vivant : un sujet hypnotique et par suite devenu ultra sensible aux vibrations magnétiques vivantes; ses expériences furent couronnées de succès.

Craninomancie. — Art de deviner par l'inspection seule du crâne, les qualités, vices ou défauts des personnes. Le Dr Gall et son disciple Spurzheim ont, pour ainsi dire, codifié les lois de la Craninomancie, qui est aussi dénommée *Craninoscopie, Craninologie.*

Cristallomancie. — Divination qu'on opère au moyen de cristaux ; le devin regarde d'une manière fixe des objets en cristal ou même des cristaux de sels et y découvre des figures qui lui font tirer des conclusions pour le consultant.

On prétend que Childéric lisait ainsi l'avenir dans les facettes d'une boule en cristal.

Critomancie. — Divination pratiquée à l'aide de gâteaux et de viandes. On conservait dans ce but la pâte des gâteaux qu'on offrait à la

Divinité, ainsi que la farine d'orge qu'on répandait sur les victimes offertes en sacrifices ; et de cette pâte et de cette farine, on tirait des présages.

Cromniomancie. — Divination obtenue au moyen d'oignons. Voici comment on la pratiquait : La veille de la Noël, on plaçait sur un autel des oignons sur lesquels on avait écrit le nom des personnes dont on désirait avoir des nouvelles. L'oignon qui germait le plus rapidement, le premier, annonçait que la personne inscrite sur la pelure se portait bien.

De Lancre nous apprend dans son ouvrage de *l'Incrédulité et de la Mescréance* que dans divers cantons de l'Allemagne, les jeunes filles qui ont des prétendants, emploient encore aujourd'hui (de son temps) ce mode de divination pour connaître le nom de celui qui sera leur époux.

Cryptographie. — Voy. ÉCRITURE CACHÉE.

Cubomancie. — Divination au moyen de dés ou cubes, d'où son nom. Les cubes peuvent être en bois divers, en os, en ivoire, etc. Auguste et Tibère consultaient souvent l'avenir au moyen de la cubomancie.

Cynomancie. — Divination faite au moyen des chiens, c'est-à-dire que le devin considérait leur démarche et surtout leurs cris. — Aujourd'hui encore ne dit-on pas : Voilà un chien qui crie la mort !

Cyanthropie. — Genre de possession dans laquelle les possédés s'imaginant être changés en chiens, de même que la Lycanthropie est le genre de possession, dans lequel les possédés se figurent être changés en loups, Boanthropie en bœufs, etc., etc.

Cylindres. — Genre d'amulettes en matières minérales dures portant des inscriptions que les Perses, les Assyriens, les Babyloniens et les les Egyptiens portaient au cou en collier comme TALISMANS, (voy, ce mot.)

D

Dactylomancie. — Divination pratiquée au moyen de bagues ou anneaux, qui étaient fondus sous l'influence de diverses constellations et qui par cela même, possédaient certains pouvoirs ou charmes. Souvent ces anneaux ou bagues qu'on dénomme *Constellés* portaient, gravés ou en relief, des caractères magiques.

Dames blanches. — Sorte de fées célèbres en Ecosse et en Allemagne que quelques démonographes placent aussi dans la classe des sylphides.

Erasme rapporte qu'une dame blanche apparaît en Allemagne et en Bohème, le jour où l'un des souverains de ce pays est sur le point de mourir.

C'est même ceci, qui a donné naissance à la légende de la *Nonne Sanglante*.

En Bretagne, on nomme les *Dames blanches : Lavandières* ou *Chanteuses de nuit*. Elles réclament souvent l'aide des hommes pour les aider à tordre leur linge et malheur à celui qui leur refuse leur concours.

De toutes les dames blanches, une des plus renommées est celle du château de Postdam, qui depuis plusieurs siècles n'a manqué d'apparaître pour annoncer la mort des princes de la famille royale de Prusse.

On désigne sous le nom de *Dames du lac*, un genre de fées se rattachant aux *Ondines*.

Damnum malatum et *malum secutum*. — Termes latins qui servent à désigner un malheur, qui a suivi de près une menace faite par un sorcier, par un jetteur de sorts.

Danses. — La danse qui, de nos jours n'est considérée que comme un *Art d'agrément* ou un plaisir mondain, était considéré dans l'Antiquité, comme un exercice religieux, un exercice sacré ; d'où les Danseuses religieuses attachées au service des Temples. — Pendant le Moyen Age, pour donner à l'homme la crainte des Morts, on exécutait des danses et on en représentait aussi sur les murs des portiques des cimetières ; on désignait celles-ci sous les noms de *Danse Macabre* ou de *Danse des morts*. — Enfin, dans la Diabolique, on nomme *Danses du Sabbat*, des danses qui avaient lieu au Sabbat et dans lesquelles, les démons se mêlaient aux sorciers.

Danse de Saint-Weit. — Parmi les grandes épidémies d'extase ou de convulsion, nous devons une mention spéciale à la Danse de Saint-Weit ou Danse sainte, la *der springenden heileigen* des Allemands, qu'il ne faut pas confondre, comme l'on fait quelques auteurs, avec la danse de Saint-Guy (*Chorea Sancti Viti*) qui est toute autre. — La Danse de Saint-Weit fit son apparition dans ces temps modernes, vers la fin du XIIIe siècle à Epternach, petite ville du Duché de Luxembourg ; elle prit des développements considérables vers 1370, car elle se répandit successivement dans plusieurs cantons qui longent le Rhin et la Moselle. Ce genre de danse revêtait le caractère extatique et se communiquait rapidement parmi les personnes d'une même localité. Il y avait jusqu'à deux et trois mille danseurs à la fois qui dansaient ou tournaient sur eux-mêmes à la façon des Derviches hurleurs et tourneurs ; c'était une véritable épidémie. Les personnes atteintes de ce mal dansaient parfois une demi-journée, puis tombaient, épuisées de fatigue.

Daphnéphages. — Ce terme signifie littéralement *mangeurs de lauriers* (Δαφνη et φαγεῖν); on l'appliquait à un genre de devins qui mangeaient les feuilles de l'arbre consacré à Apollon, afin de se donner l'inspiration.

Daphnomancie. — Divination pratiquée à l'aide de feuilles de laurier d'où son nom (Δαφνη). Ce genre de divination a des méthodes très variées. — On considère comme synonyme de ce terme, celui de *Dendromencie*, de δενδρος (arbre).

Dards magiques. — Effluves magiques dirigés contre un individu, soit pour son bien, soit pour lui nuire.

Démon. — En général, on considère ce terme, comme synonyme de *Diable*, de *Satan*, ce qui est absolument faux. — Ce terme dérive du grec et le jardin des racines grecs le définit :

Δαίμων, Dieu, sort, esprit malin.

Donc, Démon signifie génie, que celui-ci, soit, du reste, bon ou mauvais; il y a en effet de bons et de mauvais génies, ce sont les démons. — Il y a des démons attachés aux personnes, aux maisons, aux cités, aux nations, ce sont les génies familiers; Socrate avait son génie familier. — L'Antiquité rendait un culte à ces génies, qu'elle dénommait *Lares*. — Par les lignes qui précèdent, on peut voir combien sont variés, les Démons. Aussi existe-t-il de nombreux dérivés de ce terme.

— La *Démonerie* est le commerce familier avec les Démons. Le *Démoniaque* est celui qui est possédé d'un démon; le *Démoniacal*, celui qui rend un culte aux démons; le *Démonisme* est la croyance aux démons; la *Démonocratie* est la puissance des démons; le *Démonographe*, celui qui écrit sur les démons; la *Démonographie* est la description des divers genres de démons; ce dernier terme est parfois considéré comme synonyme de *Démonologie* qui traite cependant plus spécialement de la science relative aux démons, de leur influence et de leur nature diverse. Le *Démonomane* est celui qui se croit possédé du démon, c'est-à-dire qui est atteint de *Démonomanie*. — Ce qu'on a écrit sur les Démons, ou sur la Démonologie est très considérable. Quand un Mage évoque les bons génies, les bons démons, il fait de la Magie blanche, le Mage noir, au contraire, quand il évoque le Diable, fait de la Magie noire ou *Goëtie*.

Derviches. — On désigne sous ce terme, certains fanatiques de l'Orient qui, par des moyens violents, se mettent en état d'extase et peuvent prophétiser ou supporter des douleurs sans souffrances, comme le contact d'une barre de fer rouge par exemple. — Il existe deux classes de Derviches : les *Tourneurs* et les *Hurleurs*; les premiers tournent sur leurs jambes avec une vitesse de plus en plus croissante jusqu'à ce qu'ils

4

tombent à terre, comme frappés de mort. Les Hurleurs arrivent au même résultat en criant, en hurlant, de là leur nom. — Les Derviches sont ordinairement des religieux musulmans, dans le dénûment le plus complet et qui sont encore exténués par les jeûnes et la pénitence ; ils témoignent par leurs exercices violents et les douleurs qu'ils supportent ce que permet à l'homme une véhémente exaltation ; elle leur donne un pouvoir merveilleux et le don de prophétie. — En pleine rue à Constantinople, le voyageur peut s'offrir le spectacle de ces derviches.

Démonomancie. — Divination à l'aide des démons ou mauvais Esprits ; c'est une des branches de la Magie Noire, non seulement condamnable, mais des plus dangereuses. Un grand nombre de possessions et de cas de folie n'ont souvent d'autre origine.

Destin. — Sorte d'influence, de hasard, qui, d'après beaucoup de personnes, dirigerait notre *Destinée*; c'est le *Fatum* des Latins, l'Αἶσα des Grecs, la personnification de l'idée de destin. — Homère, et avec lui les gens sensés, ne considèrent point le Destin comme une fatalité inéluctable. En effet, la destinée est une simple prédestination, dont l'accomplissement dépend en grande partie de l'homme lui-même ; aussi le grand poète grec n'applique-t-il jamais au Destin, les épithètes dont le gratifient les Romains, telles que *inexorabile, insuperabile ineluctabile* (inévitable, insurmontable, inexorable). Homère se contente de désigner le *Fatum* des Latins, comme une puissance terrible, qui pèse sur les humains, il le qualifie de δεινόν, σφαταια, Ἀργαλη. — Les néo-spiritualistes, les occultistes, les théosophes admettent que ce sont les hommes eux-mêmes, qui s'attirent leurs maux ou qu'ils expient les fautes de leurs précédentes existences, ce que les Théosophes dénomment la *Loi de Karma*. — Beaucoup de philosophes de l'Antiquité professaient la même opinion que les néo-spiritualistes ; et les Grecs qui avaient une civilisation et une Philosophie beaucoup plus avancées que celles des Romains étaient beaucoup moins fatalistes que ceux-ci, aussi admettaient-ils une part de responsabilité incombant à l'homme suivant ses actes.

Devin. — Homme qui fait profession de deviner, de pronostiquer, d'expliquer les songes ; homme qui pratique la Divination ; ce peut être un prophète ou un sorcier suivant son mode d'opérer.

E

Eau. — L'eau a été de tout temps divinisée, et cela chez presque tous les peuples ; c'est qu'en effet, l'eau est un grand bienfait de la Providence ; elle est, du reste, l'origine de toutes choses. — Le monde n'est-il pas sorti des Eaux primordiales. Un grand nombre de religions ont utilisé l'eau dans les rites et les cérémonies du culte. Dans l'Antiquité, on employait l'eau lustrale dans un grand nombre de cérémonies ; cette eau n'était que de l'eau ordinaire dans laquelle on avait éteint un tison ardent pris au foyer du sacrifice. — Quand il y avait un mort dans une maison, on plaçait auprès de la porte d'entrée un vase rempli d'eau lustrale et tous ceux qui venaient rendre une dernière visite au mort s'aspergeaient de cette eau, en sortant de la maison mortuaire. C'était une purification qu'ils pratiquaient sur leur personne, purification qui les débarrassait des mauvaises influences, des larves, des Lémures et des coques astrales qui étaient attirées au logis du défunt par la présence du cadavre. — En magie, l'eau sert d'excipient à des substances diverses qui servent à chasser les démons, les sorts, à détruire les maléfices, etc. — Dans presque tous les cultes, l'eau est aussi employée, après avoir été rituellement consacrée, à des usages divers : bénédiction, exorcisme, purification, ablutions, consécration, guérison, etc.

Eclipses. — Parmi les phénomènes de la nature, l'un des plus faussement interprété, c'est l'Eclipse. Des pôles à l'équateur, chez les nations les moins favorisées du soleil comme chez celles qui le sont le plus, les éclipses ont été partout un objet de terreur, car les nations peu avancées ont pensé que l'astre diurne était combattu par un monstre terrible et pouvait succomber dans cette lutte. — Aujourd'hui, qu'on connait et qu'on prédit les causes des éclipses, l'homme est moins inquiet quand elles font leurs apparitions ; mais l'influence qu'elles exercent sur le mental des habitants d'une planète n'est encore déterminée.

Ecorces. — Ce terme a des significations fort distinctes. Ainsi, dans le *Zohar* et dans le *Livre des révolutions de l'âme*, les Esprits pervers, les mauvais génies ou *Daimona* sont dénommés *Ecorces* (en latin, *Cortices*). Les Ecorces du monde des invisibles, c'est-à-dire qui appartiennent à des désincarnés, ces *Ecorces*, disons-nous, sont plus ou moins opaques, plus ou moins transparentes, suivant qu'elles ont appartenu dans l'incarnation à des personnalités plus ou moins avancées en spiritualité ; les Ecorces provenant de personnes très matérielles sont très opaques, très denses. D'après certains cabalistes et certaines sectes, les corps ne sont que les *Ecorces* de l'âme et celle-ci est délivrée de son écorce à la mort de l'individu. — Ces Ecorces sont nommées par les Théosophes *Double-aithérique* et *Périsprit* par les Spirites, *corps aromal* par les Swedenborgiens. — D'autres cabalistes nous disent que la haine de l'Ecorce est ce qui motive la circoncision, car celle-ci retranche l'écorce de l'arbre paternel. — Les Ecorces des désincarnés ou de mauvaises entités de l'astral tournent constamment autour de l'homme pour s'emparer de son corps, afin de l'utiliser pour leur propre compte ; de là le danger des pratiques du spiritisme par des personnes qui ne seraient pas d'une grande moralité ; de là proviennent aussi un très grand nombre de maladies et de possessions et même des cas de folie.

Ecriture cachée, secrète. — Ecriture conventionnelle faites au moyen de chiffres ou signes ; on la nomme *Cryptographie*.

Effluves. — Sorte de vapeur qui se dégage du corps de l'homme et qui, dans ces temps modernes, a été mise à jour par Reichenbach (*Effluves odiques*) et par Mesmer (*Effluves magnétiques*). Tous les corps de la nature émettent une

Aura, c'est celle-ci qui constitue l'effluve. — Autrefois, on employait de bons sensitifs pour décrire les effluves et leurs couleurs ; aujourd'hui la photographie a permis de les montrer d'une façon tangible à tous les yeux, même à ceux des personnes les moins sensitives.

Voyez ci-après EMANATION.

Electroïde. — Voy. EMANATION.

Elémentaires. — Entités de l'au-delà, de l'espace du monde invisible, qui proviennent de l'homme mort, de l'homme désincarné et que les Spirites dénomment *Esprits*. Ces élémentaires peuvent, d'après les spirites, apparaître aux vivants et leur donner des communications, par l'intermédiaire de personnes très sensitives, dénommées *Médiums*. — Les Elémentaires ont les mêmes passions que l'homme, puisqu'ils ne sont que la continuation de ceux-ci dans un autre monde, dans celui de l'au-delà, dans le monde invisible pour nos sens grossiers. Les Occultistes et les Théosophes, ne considèrent les *Elémentaires* que comme des coques astrales, des restes kamarupiques d'êtres humains en voie de désagrégation ; ils sont d'après eux, capables de se revivifier temporairement et de devenir en partie conscients avec l'aide des courants psychiques, que créent les personnes vivantes. En somme, d'après les occultistes, l'Elémentaire n'est qu'une fraction de l'homme, la fraction animale à l'état très diluée et pourvue de son intelligence. — Nous devons ajouter que les Elémentaires, ne seraient d'après diverses Ecoles, que des hommes désincarnés, mais d'une intelligence très rudimentaire.

Elémental. — On désigne ainsi une des forces de la nature semi-intelligente.

Les Elémentals vivent dans les quatre éléments : la terre, l'air, l'eau et le feu ; ils sont dénommés par les cabalistes, ceux de la terre : Gnômes ; ceux de l'air : Sylphes ; ceux de l'eau : Ondins ; ceux du feu : Salamandres.

Les Occultistes emploient les Elémentals, comme agents pour produire des effets divers.

D'après certains Esotéristes, des élémentals d'une autre espèce (1), ne seraient que des formes-pensées, c'est-à-dire des Etres créés par la pensée de l'homme, et ils ne survivraient que comme une intelligence active engendrée par l'esprit, et cela pendant un laps de temps plus ou moins long en rapport avec l'intensité originelle de l'action cérébrale, qui leur a donné naissance. Par

---

(1) D'après les cabalistes émérites, il existe dans le monde invisible plus de six mille espèces d'Entités. Ceci ne doit pas nous surprendre, puisque la Table d'Emeraude nous apprend que ce qui est en haut est comme ce qui est en bas ; or, si nous jetons les yeux sur la faune de notre terre, nous voyons une extrême variété dans les animaux qui la composent.

ce qui précède, on voit que les Elémentals ne sont pas des êtres immortels, que leur existence est essentiellement éphémère au contraire, car aussi intense que soit la cérébralité humaine, elle ne peut donner la vitalité à ces formes-pensées que pour un temps fort court. Quant aux Elémentals dits de la nature, ils peuvent acquérir l'immortalité, mais par des moyens que nous ne saurions indiquer ici. Les Elémentals, qu'il ne faut pas confondre avec les Elémentaires (*voir ci-dessus*), vivent dans l'atmosphère terrestre et se communiquent très facilement aux hommes à l'aide de médiums ; ce sont des entités de tous genre, mais intellectuellement peu avancées, qui jalousent très souvent l'espèce humaine ; aussi lui jouent-ils des tours fort souvent quand ils se communiquent à elle ; c'est dans cette classe que se trouvent ce que les Spirites dénomment des *Esprits farceurs* ; aussi dirons-nous en matière de conclusion, que de même qu'on lit dans nos gares : Prenez garde aux pick-pockets, nous dirons au lecteur : *Prenez garde aux Elémentals.*

Elixir de vie. — Liqueur, au moyen de laquelle, les alchimistes prétendaient guérir tous les maux de l'homme et allonger la vie. Cf. *La Psychologie devant la Science et les Savants,* par Ernest Bosc, un vol. in-12, 3e édition, revue corrigée et augmentée. Paris Daragon 1909.

Elossite. — Pierre qui, d'après Pline le Naturaliste aurait la propriété de guérir la migraine.

Emanation. — Action d'émaner, c'est-à-dire de sortir. Le fils est une émanation du père ; l'Amrita du Panthéon hindou ; une émanation de la mer de lait. — Il ne faut pas confondre ce terme avec celui d'effluves.

Sous le nom d'*Electroïde,* Richmowsky de Lemberg (Autriche) a découvert un nouveau fluide qui tirerait son origine de l'Electricité et que le savant physicien considérerait comme l'agent Universel constituant la vie des êtres de notre monde, de même qu'il serait la source des phénomènes sidéraux et terrestres.

En métaphysique, il existe une *Doctrine de l'émanation* qui émet des principes tout à fait contraires à la Doctrine de l'évolution.

Emeraude. — Pierre précieuse de couleur verte qui possède des propriétés et des vertus spéciales. Cette pierre symbolise la clairvoyance.

Empuse, Empusa. — Sorte de vampire femelle, qu'Hécate ou la Lune envoyait aux voyageurs pendant la nuit, afin de les effrayer. C'est une Divinité anthropophagique, qui a le pouvoir de se montrer sous toute sorte de formes. — On ne pouvait se débarrasser d'Empuse, qu'en l'injuriant ; elle s'enfuyait alors en poussant des cris rauques. — Cf. Aristophanes, *Comédies*.

Encens. — Parfum composé de divers résines, qu'on brûle dans divers rites et cérémonies, notamment dans les invocations magiques. — La *Capnomancie* est l'art de deviner l'avenir dans les enroulements de la fumée (Καπνος) et Homère nous apprend que les devins utilisaient pour cela, la fumée de l'encens ; c'était un genre de pyromancie dénommé Lébanomancie.

En Démonographie, on interroge les Démons en jetant dans un réchaud de l'encens ou mieux d'autres parfums.

Enchantements. — On entend sous ce terme générique, l'art d'opérer des prodiges, qui embrasse les charmes, les contre-charmes, la fascination, les sors et les sortilèges.

Enchanter. — Se livrer à des enchantements, d'où le terme *Enchanterie*, qui a bien vieilli aujourd'hui, pour désigner l'ensemble des moyens employés pour produire des enchantements.

Enchanteur. — Celui qui enchante, celui qui peut *charmer* par des sortilèges. — Les temps fabuleux qui précèdent dans notre pays le Moyen Age possédaient des enchanteurs qu'il ne faut pas confondre avec les magiciens de bas étage ou sorciers.

Un des plus célèbres enchanteurs est un Barde celte du nom de Merdhin, dont le nom altéré a produit Merlin. — Merdhin est né vers le ve siècle dans la Basse-Bretagne, et tout : sa naissance, sa vie et sa mort, est rempli de merveilleux. — Cf.

Bélisama ou l'*Occultisme celtique dans les Gaules*, chap. VI. Les Bardes Celtiques.

Enchiridion. — Terme grec qui signifie littéralement Manuel (εν χειρ; dans la main) c'est généralement un livre qui renferme des évocations, invocations et des formules conjuratoires, des prières et des objurgations, etc., etc.

Un Enchiridion célèbre est celui qui est attribué au pape Léon III ; il a pour titre : **Enchiridion** *Leonis Papæ serenissimo Imperatori Carolo Magno, in munus pretiosum datum nuperime mendis omnibus purgatum*, etc., in-16, Rome, 1670.

Energumènes. — On désignait anciennement sous ce terme, les personnes possédées du démon.

Engastrimisme. — Art du ventriloque. L'Engastrimisme ou Ventriloquie désignait chez les anciens la faculté qu'on croyait que seuls possédaient quelques privilégiés de pouvoir parler de l'estomac (*gaster*) ou du ventre. Anciennement on rattachait cet art à la magie ; nous savons aujourd'hui, comment opèrent les Engastrimandres, Engastrimythes ou Ventriloques. — Les Gastriloques n'utilisent pour produire leurs effets sur le public que les simples organes qui servent à l'homme à la formation de la parole. Le procédé à utiliser est fort simple : il consiste à savoir étouffer, lors de sa sortie du larynx, l'air et pendant un temps plus ou moins long, pendant lequel la glotte presque entièrement fermée refoule cet air vers les poumons et n'en laisse ensuite sortir qu'une petite quantité, celle seule qui est nécessaire à la formation de la voix articulée ; alors le ventriloque parle pendant l'expir, comme parle naturellement tout le monde.

Du reste, tous les hommes, avec un peu de travail et beaucoup de patience, peuvent produire les divers phénomènes de la ventriloquie. Parmi les ventriloques célèbres, nous mentionnerons : Comte Fitz-James, Thiémet, etc.

Enigme. — Définition en termes ambigus et obscurs d'une chose, qu'on propose à quelqu'un de deviner. — Le Sphinx antique proposait aux passants des énigmes et quand ceux-ci ne pouvaient les deviner, il les dévorait. L'une des plus connues se rapporte à l'homme ; le Sphinx demandait : Quel est l'animal qui dans son enfance marche à quatre pas, qui n'en emploie que deux pendant sa virilité et trois dans sa vieillesse.

Ceux de nos lecteurs qui voudraient tenter une étude sur les énigmes, prophéties, sorts, etc., pourraient consulter le traité du P. Menestrier de la Cie de Jésus, qui a pour titre : *La Philo-*

sophie des images énigmatiques; un volume in-12; Lyon, 1694.

Ensorcellement. — Action d'ensorceler ou d'être ensorcelé, de recevoir un sort ou un sortilège. — Voy. Charmes, Sorts, Sortilèges.

Envoussure et Envoûtement. — Action d'envoûter. — Opération magique qui consiste à jeter un sort, un maléfice à quelqu'un; il y a pour cela divers modes d'opérer. En faisant une figure de cire de la personne qu'il s'agit d'envoûter; on pique et on brûle ensuite, cette figure; par simple contact, un sorcier peut aussi envoûter; enfin, par le simple regard, ce qui constitue la *jettatura;* les personnes ayant ce dernier pouvoir sont dites *Jettatori* ou avoir le *mauvais œil*.

Les sorciers ou Mages noirs (*Goëtiens*) qui veulent envoûter placent dans les icones ou images de cire des rognures d'ongles, de cheveux ou tout autre objet ayant été en contact avec la personne à laquelle ils veulent nuire; puis, en piquant ces figures avec des aiguilles, des épingles ou tout autre objet métallique pointu ou en brûlant ces figures, ils font éprouver aux *envoûtés* les sensations de piqûres ou de brûlures. L'Envoûtement est un fait aujourd'hui démontré scientifiquement par les livres de science qui traitent de l'Extériorisation. Cf. — La préface de l'Envoûtement par J. MARCUS DE VÈZE. 1 vol. in-12, Paris, Chamuel, éditeur (1).

Les Insulaires du Grand Océan croyaient que les Sorciers avaient le pouvoir de provoquer ainsi la mort de leurs ennemis, et ils avaient raison. Cf. MŒRENHOUT, *Voyages aux îles du Grand Océan*; tome I, p. 539.

L'envoussure, connue de toute Antiquité et qui a été pratiquée si fort pendant le Moyen Age, existait chez les Indiens de l'Amérique du Nord, comme nous l'apprend John Tanner (Traduction de Blosseville, tome II, p. 58 et 59). On dit aussi *Envoûture*.

Ether. — Voy. **Aither.**

Etoile. — Dans l'Antiquité, on attribuait aux étoiles une grande influence sur la destinée humaine ; aujourd'hui on utilise guère ce terme que comme métaphore ; on dit par exemple d'un homme heureux qu'il est né sous une *bonne étoile*.

Eudémon. — Ce terme signifie littéralement *bon Démon;* Démon favorable. — En Astrologie, ce même terme désigne la quatrième maison dans la figure du ciel, qui marque le bonheur, la prospérité et les succès.

Evocation. — Action d'évoquer, d'appeler

(1) *L'Envoûtement*, par MAB, vol. in-8°, Paris, Chamuel, Ed.

les morts afin d'établir des rapports, des communications avec les vivants. — De tous temps, les hommes se sont livrés à l'évocation et nous voyons dans l'Ecriture sainte (Moïse, 18, ii), que le législateur hébreu défendait formellement cette action, ce qui prouve que les Juifs évoquaient les morts ; nous savons du reste que la Pythonisse d'Endor évoquait pour Saül l'Ombre de Samuel. — D'après les cabbalistes, le plus grand trouble pour ceux qui reposent dans la paix du tombeau est causé par *l'évocation*, car alors même que *Nephesch* a quitté la sépulture, le *Habal de Garnim* (l'esprit des ossements) reste encore attaché au cadavre et dès qu'on l'évoque, cette évocation atteint également *Nephesch* (le corps), *Ruach* (l'astral) et *Neschamad* (l'esprit).

Evolution. — Ce terme a de nos jours une grande puissance sur l'intellect des hommes. — L'Evolution est l'action d'évoluer, de changer. — L'homme ou l'Etre, depuis sa séparation du *non Etre* ou Dieu, doit passer par une série de métamorphoses heureuses ou malheureuses ; il doit parcourir des voies semées de douleurs et de martyrs pour aboutir un jour par une grandiose évolution, une évolution *ultime* à son point de départ : à l'immortalité ; arrivé là, il pourra acquérir la toute-puissance, même celle du non-Etre lui-même.

Cette évolution de l'Etre à travers les temps et l'espace est une vérité qui se trouve dans toutes les religions, vérité plus ou moins cachée par les dogmes, les mystères et les symboles. Si l'on écarte quelque peu ces voiles plus ou moins épais, on entrevoit toujours au fond de ces doctrines secrètes, la destinée finale de l'homme, destinée glorieuse, mais qu'il ne peut atteindre qu'après avoir parcouru de longs cycles d'épreuves, alors que riche de la connaissance de sa propre nature, il se connaît parfaitement lui-même.

Excommunication. — Action d'excommunier, c'est-à-dire de chasser d'une communion, un membre de celle-ci.

L'Eglise catholique a dû recourir à cette arme pour chasser de son sein, des fidèles ayant pratiqué des choses contre leur religion; elle a excommunié les sorciers, les magiciens et les hérétiques, parfois aussi des savants qu'elle considérait comme hérétiques.

Exorcisme. — Action d'exorciser, c'est-à-dire de chasser du corps d'un possédé, un démon ou des démons. — Bien des cas de possession affectent la forme de la folie. — On a tort de considérer comme synonymes les termes *Exorcisme* et *Conjuration;* ce dernier terme ne peut être appliqué qu'à la formule qui commande aux démons de s'éloigner, de sortir du corps d'un possédé, tandis que le terme *Exorcisme* embrasse la cérémonie tout entière.

En Magie, le *Mage* pratique l'exorcisme, soit pour évoquer, soit pour renvoyer une Entité de l'Astral. — Celui qui pratique l'exorcisme est dénommé Exorciste.

Envoûter. — Pratiquer l'envoûtement; jeter un sort, un maléfice quelconque à quelqu'un.

Epée magique. — Instrument en métal terminé en pointe, qui sert au magicien à des opérations; à tracer sur le sol un cercle magique, à servir à sa défense, etc., etc.; c'est d'ordinaire une épée d'acier ou une lame de bronze flamboyante.

Epervière. — Plante consacrée au Soleil et qui figurait dans un grand nombre de rites et cérémonies religieuses. On la dénomme aussi Herbe de la Saint-Jean ou *Fuga Dæmonum*, parce qu'à la fête de la Saint-Jean, on en plaçait des petits paquets au milieu des feux de joie qui passaient pour mettre en fuite les démons.

L'Epervière (*hieracium*, L.), était une des nombreuses plantes utilisées par les Druides de la Celtique pour pratiquer les enchantements, d'où cette expression : La chose a passé par toutes les herbes de la Saint-Jean. — Cf. — Martinus ARELATENSIS (*De superstitione*, §§ 8, 9).

Ephésiennes (*Lettres*). — Lettres magiques qui avaient, dit-on, la propriété d'exaucer les vœux de ceux qui savaient les lire et les prononcer de manière à produire une certaine vibration. On désignait ainsi ces lettres, parce qu'elles figuraient sur la couronne, la ceinture et les chaussures de la statue des Dieux d'Ephèse.

Epilepsie. — Dans l'Antiquité, on dénommait l'Epilepsie, le *Mal sacré*, parce qu'il arrivait souvent que l'homme frappé d'épilepsie, prophétisait. Il y avait autrefois des anneaux qui avaient la propriété ou plutôt le pouvoir de guérir. Les rois pour donner à ces bagues toute leur vertu, les frottaient sur leurs mains où leur insufflaient fortement leur respiration; on le voit, c'étaient de simples anneaux magnétisés.

Epopte. — Initié du plus haut grade des mystères antiques et qui, par conséquent avait droit de tout connaître sur les grands mystères.

Epoptiques. — Nom des grands mystères qui n'étaient révélés qu'aux initiés des plus hauts grades.

Epreuves Judiciaires. — Les épreuves judiciaires ne se rattachent qu'indirectement à la magie; nous devons cependant en parler parce que certains sorciers possédaient des moyens pour ne pas souffrir quand ils passaient par ces épreuves, d'un fréquent usage au Moyen Age et qui ne sont pas abandonnées de nos jours, car on en rencontre des traces chez des peuplades bar-

bares. Ces épreuves, qu'on dénomme aussi *Ordalies* et *Jugements de Dieu*, étaient de deux genres : les *Epreuves canoniques* étaient ordonnées par les juges ecclésiastiques, tandis que les *Epreuves ordinaires* émanaient des tribunaux civils. Il y avait sept épreuves plus fréquemment employées les unes que les autres, c'étaient le duel, la croix, l'eau froide, l'eau chaude, l'Eucharistie, le feu et le serment.

L'usage des épreuves judiciaires se perd dans la nuit des temps ; mais on constate que ces épreuves ont fait leur réapparition à Alexandrie, dès la fin du premier siècle de l'ère chrétienne. Les sorciers qui étaient soumis à un genre d'épreuves (eau chaude, huile bouillante, etc.) qui pouvait occasionner les lésions organiques, en combattaient les effets par certaines incantations ; ils connaissaient aussi les moyens de se mettre en catalepsie, de tomber en extase ; dès lors, ils devenaient insensibles aux douleurs physiques.

Aujourd'hui, la science reconnaît l'insensibilité de la douleur chez des personnes qui sont dans un certain état hypnotique.

Esotérique (*Doctrine*) **Esotérisme**. — Sous ce terme, il faut entendre une *doctrine cachée* à la foule et qui n'est le partage que de certaines intelligences au-dessus du vulgaire ; l'ésotérisme n'est donné qu'à certains initiés, à de rares privilégiés, qui l'ont mérité par leur savoir, leur moralité et leur haute sagesse. Cette doctrine constitue le fond de la théosophie, qu'on retrouve dans toutes les religions ; elle a été transmise d'âge en âge comme la cabale, surtout par tradition.

La Doctrine ésotérique reconnaît dans la constitution de l'homme sept principes distincts : le corps physique (en sanscrit *Rupa*) ; la vitalité (*Jiva*) ; le corps astral (*Linga Sharira*) ; l'âme animale (*Kama Rupa*) ; l'âme hominale (*Manas*) ; l'âme spirituelle (*Budhi*), et l'Esprit (*Atma*). Telle est la classification établie par le Budhisme Esotérique ; car c'est de l'Orient que nous parviennent les documents importants qui nous permettent de reconstituer la *Doctrine Esotérique*. L'ésotérisme est un sujet trop vaste et trop complexe pour pouvoir en parler ici, mais ceux que ce sujet pourra intéresser pourront consulter avec fruit : *La Doctrine Esotérique, à travers les âges*, 2 vol. in-18. Librairie du XXe siècle, Chamuel, Paris.

Cet ouvrage fait avec une grande méthode étudie d'une façon captivante l'Esotérisme à travers les âges.

Esprits. — Entités de l'espace de l'au-delà, d'une extrême variété, qui vivent dans l'atmosphère du monde terrestre et qui peuvent, d'après la *Doctrine spirite*, communiquer avec les vivants au moyen de médiums ; mais les spirites n'attribuent cette faculté qu'aux *Esprits des désincarnés*, c'est-à-dire aux morts que les Occultistes, les Cabalistes et les Théosophes dénomment Esprits **Elémentaires** (voy. ci-dessus ce terme).

On nomme *Esprits familiers*, *Démons* ou *Génies*, des entités de l'astral, qui apparaissent à certaines personnes et qui leur parlent ou du moins se font entendre à celles-ci. Socrate avait un esprit familier qu'on nomme le Génie de Socrate ; Numa Pompilius second roi de Rome, avait également le sien : le Nymphe Egérie ; il allait la consulter dans sa grotte au sujet des affaires de l'Etat.

Les Pères de l'Eglise et les Docteurs chrétiens ont émis sur les Esprits et sur leur nature des idées que nous ferons connaître à nos lecteurs ; ainsi saint Grégoire de Nicée a prétendu qu'ils se reproduisaient à la manière des hommes ; ceci est vrai, mais il ne faut pas généraliser, car les Esprits ont des origines diverses ; ensuite les mêmes Pères n'admettent guère que de mauvais Esprits : *des diables*, ce qui n'est pas juste, car les Esprits sont comme les hommes, il y en a de bons, de mauvais et des neutres ; il y en a qui aiment les hommes et qui travaillent à leur bonheur, il y en a d'autres qui, loin de seconder les hommes dans leur évolution, enrayent au contraire leurs progrès ; ce sont là de mauvais esprits ; mais il y a lieu d'ajouter que l'homme ne subit l'influence des esprits (bons ou mauvais) qu'autant que sa conduite, sa manière de vivre est morale ou immorale ; c'est la *loi de Karma*, qui les rend tributaires des bons ou des mauvais esprits ; de là, dérivent l'ange gardien et le diable du Catholicisme.

Eternûment. — Dans l'Antiquité, l'éternûment était considéré comme un présage : quand on l'entendait à sa droite, c'était un bon signe ; quand une personne éternuait au contraire à votre gauche, c'était un signe funeste. Etait considéré comme un signe heureux pour une personne, l'éternûment qui lui survenait de midi à minuit ; c'était un mauvais signe, au contraire, si l'éternûment survenait de minuit à midi ; dans cette période, on devait donc se garantir des courants d'air.

Exotérisme. — L'Exotérisme est l'ensemble des vérités qu'une religion expose à ses fidèles, tandis que l'Ésotérisme est la partie de la même religion qui est voilée aux yeux du vulgaire ; voy. Esotérique (*Doctrine*).

Expir. — Air qui est rejeté des poumons qui l'avaient absorbé par l'aspir. L'expir et l'aspir bien dirigés et conduits peuvent provoquer dans l'homme de graves crises et lui donner des facultés à nulle autre pareille. L'étude des souffles est un art véritable qui peut être éminemment utile à l'homme. — Cf. à ce sujet le *Livre des Respirations* ou *l'Art de Respirer*, un vol. in-18. Paris, librairie du XXe siècle.

Extase. — Sorte de ravissement de l'esprit qui peut être provoqué de diverses manières et même à l'aide de diverses substances ou plantes. — L'extase est une sorte de suspension des sens matériels, une sorte de contemplation divine et surnaturelle, qui double, triple la puissance humaine mentale ; c'est une sorte d'hyperesthésie. — L'individu en extase ne ressent souvent rien de ce que l'on peut faire éprouver à son corps ; c'est l'extase qui explique qu'un grand nombre de martyrs paraissaient ne ressentir aucune douleur au milieu des plus cruels supplices. — Certaines personnes ont la faculté de se mettre en extase, absolument comme d'autres de s'endormir du sommeil hypnotique, en touchant sur une partie de leur corps : un point hypnogène.

Cardan mentionne un sacristain qui tombait sans vie sur le sol, chaque fois qu'il le voulait ; dans cet état, il n'éprouvait aucune sensation physique, on pouvait le brûler, le piquer avec des aiguilles ou des pointes de ciseaux, il n'éprouvait aucune sensation ; il entendait cependant tout ce qui se passait autour de lui, mais d'une manière confuse et comme si tout le bruit qui se faisait autour de sa personne venait de fort loin.

Aujourd'hui, grâce aux divers états de l'hypnose, on explique fort bien l'extase, ce qu'on ne pouvait faire autrefois. — Le premier savant qui dans ces temps modernes a expliqué l'Extase, c'est le Docteur Bertrand (1825). C'est ce contemporain qui a admis le premier les merveilles attribuées aux thaumaturges, aux somnambules, et aux clairvoyants et les a expliqué en disant : 1º que l'homme est susceptible de tomber dans un état tout différent de tous ceux reconnus jusqu'ici dans lui, d'un état unique, quant à sa nature, bien qu'il soit susceptible de se présenter sous les formes les plus diverses ; 2º que cet état est celui qui s'observait chez les possédés des siècles précédents et chez les inspirés des différentes sectes religieuses ; 3º que l'état d'extase n'est pas une maladie proprement dite, bien que certaines maladies, comme les affections convulsives y prédisposent éminemment, et qu'il ne survient jamais que dans des circonstances déterminées ; 4º que la plus puissante de ces circonstances est une exaltation morale portée à un haut degré ; 5º que l'état d'extase, n'a point cessé de se manifester avec les siècles d'ignorance, qu'il s'est prolongé dans tout le cours du xviiie siècle et qu'il ne cesse de se reproduire journellement sous nos yeux dans le traitement des magnétiseurs où il se maintient ignoré ou méconnu de nos savants, depuis quarante ans.

Voilà ce qu'on connaissait de l'extase il y a environ quatre-vingts ans.

Aujourd'hui, malgré d'importants travaux, on n'en sait guère davantage, mais cependant, la science moderne a démontré d'une façon très précise les affirmations du Dr Bertrand ; pour s'en convaincre, il suffit de lire les travaux de Luys, de Liébault, de Beauvais, de Paul Joire, du commandant de Rochas, de Bourru et Burot et *tuti quanti* sur la matière. Cf. — LA PSYCHOLOGIE *devant la science* et *les savants*, 1 vol. in-12, 3e Ed. Librairie du XXe siècle, Paris, 1909.

Disons en terminant ce trop court article pour un aussi important sujet que l'Extase se manifeste extérieurement non seulement par la catalepsie, la fixité du regard et un rythme particulier de la Respiration et que, dans cet état, il y a toujours extériorisation du Double aithérique ou corps astral et vision à distance. — Comme complément lire l'article suivant EXTÉRIORISATION.

Extériorisation. — Manifestation extérieure par le double aithérique du corps de l'homme, des attributs, qualités et aptitudes d'une individualité sous l'influence de certaines actions hypnotiques, magnétiques ou magiques ; nous allons expliquer ce qui précède qui de prime abord n'est pas intelligible pour les lecteurs ignorants la composition de l'homme, c'est-à-dire des sept principes constituant la personnalité.

Le corps de l'homme comporte une sorte d'enveloppe subtile, dénommée *Double aithérique* et *Périsprit* par les Spirites ; c'est cette enveloppe astrale ou fluidique qui relie pendant la vie physique, le corps à l'âme. — Après la mort, quand le corps physique (le corps sthulique des occultistes et des théosophes), quand ce corps, disons-nous, est dissous, désagrégé, oxydé, l'individualité humaine ayant perdu sa *personnalité*, ne possède qu'un corps aithéré (aërosome du Dr Fugairon) c'est le périsprit, que les occultistes nomment non seulement *corps astral,* mais encore *Force extériorisée.*

Quand nous dormons d'un sommeil profond, notre double aithérique se dégage et va avec le corps astral là, où le pousse notre désir, notre volonté. Ce dégagement ou extériorisation s'accomplit chez presque tous les hommes d'une manière inconsciente.

L'occultiste *initié* peut dégager son double aithérique par des moyens divers, mais lui n'emploie que sa volonté, qu'il dirige d'une certaine façon que nous ne saurions divulguer, car il est extrêmement dangereux de s'engager dans cette voie pleine d'écueils. Nous disons donc qu'il existe des moyens divers nous mentionnerons comme exemple : l'ivrogne, l'alcoolique, le buveur d'absinthe, de laudanum, le mangeur et le fumeur d'opium, le haschichéen ; tous ces individus dégagent littéralement leur astral par des absorptions de la drogue qui leur est chère ; mais ces moyens factices, est-il besoin de le dire, sont extrêmement dangereux. Aujourd'hui nous savons parfaitement qu'ils conduisent ceux qui les emploient à la folie, au suicide, à la mort, après les avoir fait passer par les maladies les plus terribles. Tous les narcotiques et les stupéfiants provoquent plus ou moins l'*extériorisation*.

Le chloroforme, comme l'éther et le protoxyde d'azote sont aussi des substances extériorisantes, mais tout le monde sait combien il est dangereux de prolonger le sommeil des patients avec de pareils stupéfiants ; avec le protoxyde d'azote, par exemple, on a eu à enregistrer chez des dentistes de fréquents accidents, qui devraient en faire proscrire absolument l'emploi.

Enfin, on utilise encore, comme extériorisants, des substances dites *psychiques*. — Cf. *traité théorique et pratique du haschich* et autres substances psychiques, un vol. in-18, sans nom d'auteur. Paris, Chamuel éditeur, 1896.

F

Fair. — En Ecosse, on désigne sous ce terme des fées ; le diminutif *Fairfolks* désigne, dans le même pays, une sorte de farfadet ; ce terme, qui trahit une origine celtique, a dû être certainement la racine du mot féerie, qui s'écrivait anciennement *Fairie.*

Fakir. — Dans l'Inde, on désigne sous le nom de Fakirs, des *charmeurs, jongleurs,* ou des hommes ayant des pouvoirs psychiques parfois considérables ; aussi la croyance populaire des asiatiques attribue-t-elle à ces hommes des pouvoirs surnaturels. — Pour beaucoup d'Européens, les Fakirs ne sont dans bien des cas que des prestidigitateurs ou des illusionnistes très habiles ; cependant ils ne donnent aucune représentation publique, ils n'ont aucun compère pour *travailler,* ils n'utilisent aucun aide, aucun concours pour pratiquer leurs expériences. Ils opèrent nus devant quelques personnes, une seule parfois et cela sur des terrasses, des pavements de salles, ou sur la terre d'un jardin. Pour opérer ce qu'on dénomme des prodiges, ils n'ont parfois qu'un bâton de bambou à sept nœuds qu'ils tiennent dans la main droite et un petit sifflet qu'ils portent suspendu à une mèche de leur chevelure, puisqu'ils n'ont pour tout vêtement qu'un simple carré d'étoffe placé au-dessous du nombril.

Suivant ce qu'on leur demande d'exécuter, ils prient la personne chez laquelle ils opèrent de leur fournir, soit un crayon, du papier, soit un ustensile quelconque, et s'ils ont besoin d'un sujet pour pratiquer des expériences d'hypnotisme ou de somnambulisme, ils prennent dans la maison le premier serviteur venu. — Quand ils ont terminé leur travail, qui dure parfois plusieurs heures, ils ne demandent aucune rétribution et se contentent de la menue somme qu'on leur offre en échange de leur service, et quand les Fakirs sont attachés à un temple, ils remettent leur gain à ce temple.

Les Fakirs exécutent des choses incroyables : ainsi en quelques heures, ils font germer une graine et obtiennent une plante de plusieurs centimètres de hauteur ; ils se font enterrer pendant plusieurs jours, d'aucuns disent plus d'un mois, et puis ils reviennent à la lumière ; ils marchent pieds nus sur des voies faites de charbons ardents, sans se brûler la plante des pieds, etc.

Il ne faut pas confondre ces fakirs avec ceux qui ne donnent que des illusions plus ou moins fantastiques ; ces derniers opèrent par suggestion mentale, par hallucination.

Fantômes. — Ce terme, dans l'esprit de bien des gens, est synonyme de *Revenants*; il sert en effet à désigner les apparitions de personnes mortes. — Aujourd'hui, grâce à la psychologie, à la science psychique, on peut affirmer, grâce aux travaux de la Société des recherches psychiques de Londres, que le fantôme peut être produit par le *double aithérique* de personnes vivantes qui utilisent leur fluide astral (le périsprit des spirites) pour se montrer loin de leur corps et revêtir l'apparence de la réalité. Malheureusement, nous ne saurions ici fournir des preuves de ce que nous avançons, car il nous faudrait entrer dans de trop longs développements, mais nous engageons ceux de nos lecteurs que la question intéresse de lire l'ouvrage *Phantasms of living*, des auteurs anglais, Gurney et Podmore.

Farfadets. — Esprits légers, lutins, ou démons familiers, qui peuvent rendre certains services aux personnes ayant le pouvoir de les commander. — Voir FAIR.

Fascination. — Action de fasciner. La fascination est une sorte de charme qui force l'individu à faire une chose malgré lui, ou bien encore, la fascination empêche l'individu qui la subit de voir les choses telles qu'elles sont. — Le serpent fascine l'oiseau, afin de le dévorer. — Les fascinateurs emploient des moyens divers pour exercer lenr CHARMES. (Voy. ce mot.)

Fascinum. — Terme latin passé dans notre langue et qui sert à désigner une sorte d'amulette que les Romains utilisaient pour combattre le mauvais œil (la *Jettatura*). Ces amulettes sont diverses. — Cf. VARRON, *de linguâ latinâ* VI, 5. — La mythologie romaine avait un dieu-amulette dans son Panthéon (*Fascinus*), dont on suspendait les représentations figurées au cou des enfants pour les préserver d'accidents de toute sorte. — Le culte de ce dieu était confié aux Vestales.

Fatalisme, Fatalité. — Doctrine qui consiste à croire à une destinée inéluctable. — Un grand nombre de peuples de l'Orient sont fatalistes, c'est-à-dire croient à la fatalité; rien n'est plus faux qu'une pareille doctrine, car l'homme ayant de la volonté et de l'énergie peut résister à des situations critiques ou à des malheurs, et peut ainsi changer parfois sa destinée. — Si une pareille doctrine avait cours chez l'homme, elle pourrait enrayer toute initiative de sa part et retarder considérablement son évolution. Il ne faut donc pas devant un danger dire *c'était écrit*, mais faire tous ses efforts pour échapper au dit danger.

Fées. — Les fées (*Fadæ*) Fadas, Filandières

et parfois Sylphes sont des Esprits ou Génies de l'air. — On peut considérer comme des Fées, les Péris de l'Orient, de même que les Walkyries des peuples Scandinaves.

L'origine des Fées se perd dans la nuit des temps ; parmi les fées célèbres nous mentionnerons : Morgane, Viviane, Mélusine, la fée de Bourgogne, la fée Cluseau, la fée d'Avril, la fée Esterelle, etc., etc.

Femmes blanches. — Ce terme est synonyme de Dames blanches, Lavandières, Chanteuses de nuit, etc. (Voy. DAMES.)

Ferver ou **Ferwer**. — Terme persan qui sert à désigner, chez les disciples de Zoroastre, la partie spirituelle de l'homme.

Le Ferver préexiste à notre naissance et il s'unit à nous, dès notre entrée dans la vie ; à notre mort, il abandonne le corps. C'est grâce aux Fervers que les disciples de Zoroastre peuvent combattre les Dews, Divs ou mauvais Esprits ; de plus, comme il est le principe de ce qui préside à notre conservation ; aussitôt que le Ferver nous quitte, le corps se dissout.

Feu. — Un des quatre éléments qui joue non seulement un grand rôle en alchimie, mais aussi dans la nature entière ; c'est pour cela qu'il a été adoré comme Dieu par un grand nombre de peuples et sous des noms divers. Selon les cabbalistes, le feu est l'élément des Salamandres. On nomme *Feux follets, Esprits follets*, des feux qui se dégagent de la terre, principalement dans les cimetières, à la suite des grandes chaleurs de l'été. Ce sont le plus souvent des dégagements d'hydrogène phosphoré qui sortent des cadavres en décomposition, et le vulgaire prend ces gaz pour des esprits légers. — Les feux provenant d'entités astrales sont tout autres et ne dégagent pas une odeur d'ail, parfois fortement prononcée.

Fiente. — Cette substance joue parmi les drogues des sorciers un assez grand rôle, soit qu'ils l'utilisent pure, soit mélangée avec d'autres ingrédients ; on en fait des mixtures, des onguents ; on l'applique en cataplasme sur diverses parties du corps, afin de faire cesser la fièvre ou suppurer des tumeurs. Les sorciers utilisaient surtout la fiente de chat, celle de chèvre ou de chien, etc.

Fils. — En alchimie et en cabbale, ce terme désigne beaucoup de choses, mais c'est surtout le principe divin ou la force créatrice universelle en action dans l'humanité.

Fluide universel. — Voyez **Astral**.

Fluide vital. — Au mot **Astral**, nous avons dit que de tous les corps se dégage un fluide qui a été dénommé très diversement. — L'animal, l'homme dégage du fluide vital. Les personnes très nerveuses, très vigoureuses, les hommes très puissants au physique, rejettent, sous forme de fluide, le superflu de leur vitalité. Cet excédent fluidique reste suspendu dans l'air ambiant, à la disposition des personnes faibles, des anémiés, des malades ; ceux-ci l'absorbent à l'aide de leur polarité, ils s'en nourrissent comme d'une véritable nourriture. Voilà pourquoi *il n'est pas bon que l'homme soit seul*, il est nécessaire qu'il vive en société, car l'échange continuel de fluide entre les individus est une des conditions nécessaires à l'existence même. Le fluide vital est le véritable élixir de vie, le grand principe de la vie, c'est l'Arché du Moyen Age.

Cf. — *De l'Aimentation universelle*, par ERNEST Bosc, 1 vol. in-12, Paris. Librairie du XXe siècle, 1910.

Fohat. — Terme sanskrit employé en occultisme pour désigner le lien qui réunit la pensée subjective à la matière objective. « Fohat est le cheval et la pensée est le cavalier » disent les *Stances* de la *Doctrine secrète*.

On voit donc que Fohat est pour le dire en un mot le lien entre la matière et l'esprit. — En théosophie, *Fohat* désigne aussi le feu, mais un feu principe, dont nous ne saurions parler ici.

Follets. — Voy. FEUX-FOLLETS.

Fumigations. — Action de brûler certaines

substances ou matières (résines ou plantes) pour en obtenir de la fumée. — On pratique des fumigations en magie, mais ce ne sont, nous devons le dire que des opérations accessoires.

Furcelle. — Nom de la BAGUETTE divinatoire (voy. ce mot).

Furies. — Génies redoutables de l'antique mythologie, qui n'étaient souvent que l'identification de malédictions et d'exécrations personnifiées. — La haine poussée à l'extrême et les mauvaises pensées longtemps nourries dans un cerveau, surtout dans celui des collectivités peuvent créer des *Entités* qui sont de véritables Furies.

Dans l'Antiquité, les Furies étaient des divinités infernales chargées d'exécuter la vengeance des Dieux. Chez les Grecs, on les nommait *Erynnies* et *Euménides*.

G

Gamahés ou **Camaïeux.** — Il existe une théorie théosophique d'après laquelle tous nos actes, toutes nos pensées seraient pour ainsi dire photographiés dans l'espace, de sorte que dans l'aither immense qui enveloppe les mondes, un Voyant pourrait lire tous les événements qui se sont accomplis sur notre planète dès son origine, bien longtemps avant la venue de l'homme.

Les faits et les pensées seraient d'après les occultistes consignés sur des *Clichés Akasiques* (voy. *Akasa*). Cette théorie prouverait en faveur des Gamahés, qui sont des verres ou cristaux polis, des pierres précieuses onyx, albâtres, marbres, sur lesquels se trouvent des dessins divers, qui ne sont pas l'œuvre de la main des hommes, mais qui seraient produits par *précipitation*, c'est-à-dire d'une manière surnaturelle. Ainsi les Gamahés représentent des Saintes Vierges, des Christ en croix, des saints et autres figures.

Bien des Gamahés ou Camaïeux représentent des Isis, des Vierge Marie ; or, ces représentations n'auraient été produites sur ces pierres que par une grande foi chez les personnes qui considéraient ces pierres et se figuraient y voir des images qui y sont venues postérieurement ; ce serait une sorte de photographie de la concentration de la pensée humaine des dites figures. Ceci peut paraître singulier, bizarre même, mais de récents travaux de psychisme, des photographies dites *psychiques* expliquent jusqu'à un certain point, la création des Gamahés qui sont connus depuis fort longtemps et, au sujet desquels, Gaffarel nous dit dans ses *Curiosités inouïes de la*

6

science, ce qui suit : « Au chapitre suivant (2ᵉ part ch. V) on peut adjouster ces Gamahés admirables ; à Pise dans l'église Saint-Jean, on voit sur une pierre un vieil hermite parfaitement despeint par la seule nature, mais avec tant de merveille qu'il semble ne rien avoir oublié de ce qu'il convient à un homme de cette sorte : car il est représenté dans un agréable désert, assis près d'un ruisseau, tenant une cloche en sa main.

Cette peinture naturelle ressemble presque en tout à celle qu'on faict de saint Antoine. Dans le temple de la Sapience (1) à Constantinople, on voit aussi sur un arbre scié l'image de saint Jean le Baptiste vestu de peau de chameau, avec cette deffectuosité que la nature ne luy a faict qu'un pied ; à Ravenne, dans l'église de Saint-Vital, on void un cordelier naturellement figuré sur une pierre de couleur cendrée.

A Sneiberg, en Allemagne, on a trouvé, dans la terre, une petite statue d'un certain métail non espuré, naturellement faicte, laquelle représentoit en rondebosse, un homme ayant un petit enfant sur le dos ; et quiconque a veu la peinture de Saint-Chrystophe peut facilement concevoir celle-cy. Il n'y a pas longtemps qu'on a trouvé dans la forêt Hercine, une pierre qui portait naturelle-

---

(1) A. Sainte Sophie.

ment la physionomie d'un vieillard à barbe longue, couronné d'une triple thiare, tout semblable au Pontife romain.

Remarquez encore que plusieurs de ces pierres ou Gamahez ont toujours un mesme nom, parce qu'elles ont toujours même figure. Ainsi, celle qui représente les yeux de l'homme se nomme *Leuchophtalmos*, celle qui porte un cœur *Encardia*, celle qui figure la langue *Glossopetra*, celle sur laquelle les Génitoires sont dépeints *Enorchis*, etc.

Aux figures des Planettes et des fleurs, on peut pareillement adjouster celles qui portent quelques espèces de lettres et des mots comme le Hyacinthe sur lequel le poète dit qu'on void escrite la plainte du beau Phœbus pour avoir tué Hyacinthe, qu'il changea peu après en fleur, et cette plainte est exprimée en ces deux lettres αι qui composaient la voix, le cri : AI. »

Nous pensons que ceci satisfaira la curiosité des lecteurs au sujet de ces Gamahés, car il faut savoir se borner, sans cela, nous pourrions mentionner encore un chapitre intéressant de Gaffarel sur le même sujet.

Garosmancie ou **Gastromancie**. — Divination pratiquée au moyen du ventre ; ce sont généralement des ventriloques qui exercent ce mode de divination. Dans l'Antiquité, on croyait que l'individu (le ventriloque) était possédé par des Esprits et rendait ainsi des oracles. — L'art du ventriloque se nomme *Engastrisme*, d'où les devins qui faisaient entendre leur réponse au moyen de leur ventre se nommaient *Engastrimandres* ou *Engastrimithes*.

Géloscopie. — Divination tirée du rire; suivant la façon du rire d'une personne, le devin préjuge de son caractère et de ses penchants bons ou mauvais, de ses qualités ou aptitudes, de ses défauts.

Gemetria. — Voy. Cabbale.

Généthliaques. — Astrologues qui tirent des horoscopes, d'après la lecture des astres; pendant tout le Moyen Age (imitant en cela la haute Antiquité) on appelait souvent, les Généthliaques à la naissance des enfants, pour connaître l'avenir qui leur était réservé; le travail qu'ils faisaient à ce sujet se nommait Thème Généthliaque (voir comme complément au présent terme : Astrologie).

Génies. — Terme générique, qui sert à désigner les esprits, les génies, les entités de l'astral, et qui chez tous les peuples et à toutes les époques ont été consultés par les hommes. Ces êtres ont reçu des noms très divers ; dans l'Antiquité grecque et romaine, on les nommait Δαίμονες et *Genii* ; chez les arabes, *Djins* ; chez les

Persans ou Zends, *Izeds* ; chez les Hindoux, *Devatas* ou *Daïtas*, etc., etc.

Gihicul ou **Gilgul**. — Terme hébreu employé par les Juifs pour désigner la transmigration des âmes et quelquefois la métempsycose.

Gibelins. — Voy. GOBELINS.

Ginnes et **Gen, Djin**. — Génies malfaisants du sexe féminin, qui, d'après les Persans, auraient été créés avant l'homme, avec la boue brûlante et fumante du Chaos.

Ginnistam. — Contrée de l'astral qui, dans les croyances orientales, serait le *Royaume des génies*, et dans laquelle on trouve : le *Badiatéalgim* ou désert des Démons ou des Fées ; le *Badiat-Coldare*, ou désert des monstres. Le vent froid et glacé de la mort (*le Sarfar*) ne souffle point dans ce royaume, dont la principale ville, dans laquelle se trouvent réunis tous les enchantements, se nomme *Schadou Kiam*.

Glossololie. — Nouveau terme que nous trouvons dans l'Introduction (page 6) des *Hallucinations Télépathiques* de Gurney et Podmore, où il est dit : « La glossololie semble être, en grande partie, un phénomène automatique réel, mais l'origine de ces mouvements automatiques nous n'en trouvons pas l'explication dans les manuels qui sont dans les mains. Le cas de Swedenborg nous transporte bien au-delà des limites de la connaissance certaine : nous connaissons bien maintenant la folie, et ce serait abus de langage d'appeler Swedemborg, fou. Avant même de critiquer ses visions célestes, il faudrait se rendre capable de juger à quelque degré, les visions terrestres ; il faudrait envisager en face le problème de la clairvoyance, c'est-à-dire d'une faculté qui n'est point purement réceptive, mais active, et qui nous fait percevoir des choses inconnues et des scènes éloignées. »

Gnômes. — Sous ce terme, les Cabbalistes et occulistes désignent des *Intelligences*, de petits génies de la terre et plus particulièrement de la montagne, qui auraient pour mission de garder les mines et les trésors enfouis dans le sein de la terre. Les gnômes sont de petite taille et fort laids, tandis que leurs femmes seraient fort belles. — Dans la Scandinavie, on nomme les gnômes, Duergars et Trols.

Gobelins. — Sorte de lutins ou farfadets qui vivent dans les maisons et en protègent les habitants. D'après une légende fort accréditée, la manufacture nationale des Gobelins devrait son nom à ces lutins domestiques qui auraient coopéré, dans une grande mesure, à faire trouver aux ouvriers teinturiers de cette manufacture, de riches couleurs. — On dit aussi, par corruption, *Gibelins*.

Gobes. — Boule composée de détritus divers, qui se trouvent dans l'estomac de certains animaux et qu'on constate en faisant leur autopsie, après leur mort. Les gens de la campagne croient que ce sont des sorciers qui ont jeté un sort aux animaux atteints de cette maladie. — (Cf. *Salgues*, *Des Erreurs*, etc. Tome II, p. 14).

Goëtie. — Magie noire (V. MAGIE).

Goules. — Etres malfaisants, sortes de vampires qui sortent de leur repaire pendant la nuit pour nuire aux vivants et sucer le sang des cadavres récemment enterrés. — Les Goules, qu'on nomme aussi GHOLES, sont comme les lamies et les harpies, des vampires, qui figurent fréquemment dans les contes orientaux; elles sont, du reste, connues de toute Antiquité.

Gounis. — Terme sanskrit emprunté par les occultistes modernes et qui sert à désigner des exorcistes hindous, héritiers des magiciens des tribus Dravidiennes.

D'après Montgomery Martin (1) rien que dans le district de Puraniya, il n'existe pas moins de trois mille cinq cents *Gounis* ou *Ojhas*, qui expulsent les démons par la récitation de MANTRAMS (Voy. ce mot).

---

(1) *The history, antiquities and topography of Eastern India*, t. III.

Graisse des sorciers. — Sorte de composition, onguent qui serait fait avec de la graisse humaine et dont s'oignaient les sorcières avant d'aller au sabbat. Cet onguent servait aussi aux sorcières pour accomplir leurs maléfices ; elles le renfermaient dans un pot de terre cuite et à leur mort, elles le transmettaient à celle de leurs filles qu'elles trouvaient la plus apte à exercer la sorcellerie, après elles. — Aussi dans les populations rurales, désignait-on cette fille en disant : *c'est elle qui a le pot*, c'est-à-dire c'est-à-dire c'est celle à qui la mère l'a légué en héritage, à sa mort.

Grand'Œuvre. — Terme générique sous lequel les alchimistes désignaient la série d'opérations à exécuter pour obtenir la transmutation des métaux, c'est-à-dire pour convertir les métaux en or et pour fabriquer l'or potable ou élixir de vie, sorte de panacée universelle permettant non seulement de guérir toutes les maladies, mais encore de prolonger la vie humaine bien au-delà de ce que lui a assigné la nature.

La pierre philosophale, la médecine universelle, la transmutation des métaux vils en métal pur, tout cela constitue des termes qui expriment les différents usages d'un même secret, du *Grand' Œuvre*. — La matière de celui-ci est une force, un agent universel, à l'aide duquel, on peut accomplir les choses les plus surprenantes.

Graphologie. — Science de l'écriture, c'est-à-dire science qui permet de lire le caractère d'une personne par les traits et la forme des lettres de son écriture. — Comme toutes les sciences occultes, celle-ci est très vraie, très réelle, mais encore faut-il que celui qui s'y livre la connaisse bien à fond, avant de la pratiquer. — Il ne faut étudier que l'écriture courante d'un individu et ne pas prendre une écriture moulée, une écriture qui aurait été faite avec beaucoup de soin et d'application.

Grimoire. — Recueil de formules ou Formulaire magique, qui sert aux évocations, aux conjurations aux incantations. Parmi les Grimoires les plus célèbres, nous mentionnerons : *Grimoire du Pape Honorius*, avec un recueil des plus rares secrets, in-16 avec fignres, Rome 1670.

Le grand Grimoire, avec la grande Clavicule de Salomon, in-18, sans nom de lieu, ni date.

Grimorium verum, vel probatissimæ Salomonis claviculæ rabbini hebraici etc.

Ce grimoire a été traduit de l'hébreu avec un recueil de curieux secrets par Plagnières A. Memphis, chez Alibeck Egyptien, in-16, 1517. — Le verso de la couverture de cet opuscule fort rare porte :

Les véritables clavicules de Salomon : Memphis, Alibeck, 1517.

On peut considérer aussi comme Grimoire l'*Enchiridion* du Pape Léon III. — Voyez **Enchiridion.**

Grisgris. — Sorte d'amulette particulière à certaines peuplades de l'Afrique et d'autres pays. — Chez les Maures d'Afrique, on désigne sous ce même terme de petits carrés de papier sur lesquels sont tracés un verset du Koran ou bien des mots magiques. — Les Maures les portent sur eux, comme les catholiques portent des scapulaires, afin de les préserver de tous accidents ou malheurs; ce sont les Marabouts ou prêtres qui les leur vendent. — Les *Grisgris* affectent des formes diverses, ce sont soit des coquillages, des morceaux d'étoffes, de cuir, de maroquin, des crânes de petits animaux, des images, des figurines des verroteries etc., etc.

Gui du chêne. — Cette plante parasitaire qui vit sur le tronc ou les grosses branches du chêne était regardée chez les Druides comme sacrée. Le chef des Druides ou la principale Druidesse allaient en grande cérémonie le cueillir au mois de décembre, c'est-à-dire pendant le mois sacré. — Le Gui était à la fois un préservatif contre les sortilèges, un remède et un amulette pour donner la fécondité, il servait aussi aux prêtres Celtes pour faire une *Eau lustrale.*

Chez les Celtes, on distribuait au peuple le

premier jour de l'an, du gui, qu'on dénommait l'an gui, l'an neuf ; cet usage ne s'est pas encore perdu, puisque dans certaines provinces, dans le Lyonnais, dans la Bourgogne, la Picardie, la Guyenne et la Gascogne et même à Paris, on vend encore pendant le mois de novembre (le miz-du, le mois noir) du Gui.

Gyromancie. — Divination qui se pratiquait en tournant sur la circonférence d'un cercle sur lequel sont tracées des lettres, ou bien encore en marchant en rond. Comme le derviche tourneur, la personne s'étourdit et finit par se laisser choir sur un des points de la circonférence et c'est de l'asssemblage des lettres déplacées par la chute du devin, qu'il tire des présages.

H

Haband et **Habandia**. — Reine des Dames blanches, dont il est grandement question dans les romans du Moyen Age. Dans son livre de l'Inconstance des démons, Delancre nous dit que Habandia est la reine des *Fées*, des *Dames blanches*, des *Bonnes*, des *Larves*, des *Furies* et des *Harpies*. Cet auteur fait de Haband et de Habandia deux personnalités différentes ; nous pensons que c'est une erreur, les deux ne font qu'une.

Haceldama. — Juron oriental particulier aux habitants de la Chaldée et de la Palestine, qui signifie *par l'héritage du sang*. En effet *Haceldama* ou mieux *Hakeldama* était le nom d'un petit champ acheté avec les trente deniers d'argent que le traître Judas avait reçu pour trahir son divin Maître. Judas fut enterré dans ce champ après sa pendaison.

Hakhamin ou **Makaschphim**. — Terme hébreu, qui désigne les magiciens ou plutôt les magistes de la Cour de Pharaon, qui avaient accompli des prodiges en s'exerçant contre Moïse. Ces magistes sont mentionnés dans l'Exode (VII, II et suiv.) Voir également Jérémie (XXVII, 9). Ce terme hébreu signifie littéralement sages et savants.

Cf. — *Glossaire des termes de la Kabbalah*, par Ernest Bosc.

Hallucination. — Perception d'une chose qu'on croit réelle et qui n'existe pas. Il y a divers genres d'hallucination, qu'on peut ramener à deux principaux : l'hallucination naturelle par suite d'une perturbation de l'esprit et l'hallucination artificielle qui peut être provoquée par diverses causes, notamment par l'**Hypnotisme** (voy. ce mot). De ces divers genres d'hallucination, dérivent les expressions : hallucinations ordinaires, télépathiques, visuelles, auditives, etc.

Hanebane. — C'est le nom, sous lequel les sorciers désignent la *jusquiame noire*, qu'ils utilisent pour opérer leurs maléfices.

Harvi ou **Psylle**. — Devin, charmeur de serpents. Dès la plus haute Antiquité, il a existé en Egypte des Harvis qui, alors comme aujourd'hui, ont exercé leur art, en opérant surtout avec le serpent dénommé *Hajé*. — Cf. E. W. Lane, *An account of the manners and customs of the modern Egyptians*, tome II, p. 103 ; et dans la *Revue des deux-mondes,* XLV, p. 461 (année 1840) : Sur les Harvis par Th. Pavie.

Haschich. — Le haschich est un produit qu'on obtient par le traitement du chanvre indien (*Cannabis Indica*) que les arabes nomment tout simplement l'*Herbe* ou *Haschich, al Fokaro,* l'herbe aux Fakirs. Le haschich est un produit stupéfiant, qui aide fortement au dégagement du double aithérique de l'individu ; ses effets sur l'économie de l'homme sont des plus curieux, ils arrivent à produire une sorte d'hallucination, qui amène avec elle un bien-être inconcevable, mais il y a lieu d'ajouter qu'il faut savoir user du haschich avec ménagement et ne jamais en abuser, car il peut conduire celui qui en abuserait à la folie. Nous n'insisterons pas davantage, mais nous renverrons le lecteur curieux d'étudier les propriétés de ce narcotique au *Traité du has-*

chich et autres substances psychiques, 1 vol. in-12, Paris, 1895, 2ᵉ édition 1907. Librairie du XXᵉ siècle.

Hatha Yoga. — Ce terme sanskrit sert à désigner non seulement *Union* de Dieu et de l'homme, mais aussi l'art de respirer, avec l'intention de diriger sa respiration de façon à agir sur telle ou telle autre partie du corps, pour obtenir divers résultats au point de vue psychique et au point de vue physiologique. — Nos physiologistes modernes ignorent les très grands résultats que peut obtenir l'homme, par l'art de respirer ; ils ne considèrent la respiration que comme un simple mode d'oxygéner notre sang, or la respiration peut jouer un rôle beaucoup plus considérable. Les Egyptiens avaient écrit plusieurs traités de l'art de respirer, malheureusement, il ne nous reste qu'une partie d'un *Livre des Respirations*.

Il existe de nombreux Traités de yogas en sanskrits en allemand et dans d'autres langues, et un seul en français (1).

De leur côté, les Hindous nous apprennent que la respiration aspire la vie (*jiva* ou *prana*) et la distribue dans tous les membres du corps. — Le

---

(1) *Traité de Yoga* par Ernest Bosc, 1 vol. in-8°, Paris, 4. Daragon éditeur, 1909 et Librairie du XXᵉ siècle.

corps fluide ou double aithérique (*Susksma-Sharira*) est composée d'une matière subtile organisée et pourvue comme le corps physique d'un système circulatoire, sur lequel l'homme initié peut agir d'une façon très énergique pour obtenir des effets divers, mais ceci n'est pas sans danger.

A propos de ces dangers, voici ce que nous lisons dans le *Markanday-Purana :*

« Je vais maintenant décrire les dangers qui suivent la pratique imprudente de la Hatha-Yoka. Le yoghi ignorant est atteint de surdité, d'incapacité de penser, de perte de mémoire, de mutisme, de cécité et de fièvres pernicieuses. — Le yoghi devrait prendre du *yavagu* chaud (gruau aigri fait avec du riz) contenant une suffisante quantité de beurre fondu et devrait pratiquer le *Dharana* (la méditation ou concentration profonde de pensée). Pour guérir les affections respiratoires, il devrait retenir l'air dans les bras et la poitrine (respirer du haut des poumons) et ensuite lancer l'air à l'endroit, où le souffle se trouve arrêté. — S'il est atteint de tremblement, il devrait penser fortement en respirant à une haute montagne. S'il est sourd et muet, il devrait concentrer sa pensée sur le sens de l'ouïe et sur sa glotte; s'il est grandement altéré, il devrait s'imaginer qu'un fruit savoureux et plein de jus est placé sur sa langue, etc., etc.

On voit ici que la suggestion, l'autosuggestion même est appliquée dans toute sa rigueur ; et l'auteur sanskrit ajoute qu'on peut faire usage de *Dharana* concurremment avec le souffle pour guérir diverses affections et en concentrant sa pensée sur Akasa, Prithivi, Vayu, Apas et Agni, toutes les maladies causées par les *Elémentals* sont guéries. Le yoghi peut même détruire l'élémental qui l'obséderait en méditant sur vayu et agni. Tout ce qui précède pourra paraître bien étrange au lecteur, mais ce que nous pouvons lui affirmer, c'est que par la respiration, l'homme peut opérer sur soi de vrais miracles. — Cf. Le *Livre des Respirations*, Paris, Chamuel.

Herbe. — Ce terme désigne en magie quantité de plantes utilisées dans les incantations ou pour des remèdes secrets. Nous n'essaierons pas de donner une nomenclature de toutes les herbes ou plantes magiques, car il y faudrait consacrer de très nombreuses pages, mais parmi les plus renommées, nous mentionnerons le HASCHICH (voir *supra*) l'herbe de coq, l'herbe qui égare, la jusquiame, la morelle, l'ellébore, les herbes de la Saint-Jean, etc., etc.

HERMÉTISME, HERMÉTISTES. — Ces termes désignent respectivement la *science sacrée* et ceux qui cultivent cette science. — L'hermétisme comprend toutes les sciences occultes : Alchimie, Magie Divination, Nombres etc., etc :

Beaucoup de rois, de princes et de papes ont été des hermétistes.

Holda. — Ce terme a des significations diverses, c'est d'abord le nom d'une fée très ancienne, dénommée la *Bonne Fileuse ;* chez les Celtes, c'était une sorte de fête guerrière qui se terminait par des danses sauvages, qui étaient accompagnées des sons de la *Carnix* (trompette guerrière) et de coups frappés sur les *Umbones* des boucliers. Cette fête a une origine qui se perd dans la nuit des temps et primitivement, c'était une sorte de sabbat orgiaque de sorciers et de sorcières, dans lequel se passaient des scènes indescriptibles.

Hom, Homa, Soma. — Plante sacrée utilisée par la liturgie de certaines religions, dans le Madzéisme, par exemple, et qui était considérée comme plante magique.

Plutarque (de *Iside* et *Osiride*, § 46), dénomme cette plante Ὀμωμὶ et nous informe qu'elle était employée dans les conjurations faites contre l'esprit des ténèbres pour l'utiliser à cette fin, il fallait, après l'avoir pilée dans un mortier, mélanger le suc obtenu avec une portion légale de sang de loup. D'après l'Avesta, le Hom donne la santé, la beauté et la vie à l'homme ; il éloigne la mort et c'est aussi un puissant *Talisman* contre la malechance et les esprits du mal. Le Hom a été divinisé, à cause de ses propriétés magiques; chez les Aryas, il a été dénommé *Soma*, on l'employait à faire des libations.

Le Soma et le Sarcostemna vinalis ou *asclépias acida* (1).

Huppe. — Les sorciers emploient le sang de cet oiseau pour faire voir des légions de diable et pour cela, ils frottent du sang de Huppe les visages des personnes curieuses de voir ces légions.

Hyacinthe. — Pierre précieuse, qui possède de nombreuses propriétés magiques ; par exemple de préserver de la foudre et de la peste, les personnes qui la portent suspendue à leur cou.

Hylé. — Ce terme a de nombreuses significations, on le considère en effet, comme synonyme de aither, d'akasa et d'archée, etc. ; dans un sens générique ce terme désigne le *Fuide Primordial*, et même la matière, voy. AITHER et AKASA.

Hypnose. — Sommeil nerveux qui peut être provoqué de diverses manières et qui met le sujet hypnotisé dans quatre états principaux, savoir : la léthargie, la catalepsie, l'extase et le somnambulisme naturel et en somnambulisme provoqué ;

---

(1) Cf. — LANGLOIS, *Mémoire sur la divinité Védique appelée Soma, in Mem. de l'acad. des Inscrits.*. Tome XIX p. p. 236 et suiv.

le premier n'a donc rien de commun avec l'hypnose, qui est un état anormal du cerveau, dans lequel état, celui-ci est comme paralysé ou bien hyperesthésié ; dans ce dernier cas, l'exaltation de certaines facultés se révèlent chez le sujet. — On peut provoquer l'hypnose par des moyens et des agents divers et suivant l'état plus ou moins profond de l'hypnose, on obtient du sujet : l'état de crédivité, l'état de catalepsie et l'état somnambulique.

Hypnotiseur. — Celui qui hypnotise, celui qui pratique l'hypnotisme. Il y a de bons et surtout de mauvais hypnotiseurs. Il y a ensuite des degrés divers dans leur puissance ; il y a l'hypnotiseur, qui voyant pour la première fois une personne, peut, sans contact aucun, pénétrer de son fluide cette personne ; il y a l'hypnotiseur qui opère en tenant la main de son sujet et dont il veut pénétrer la pensée ce qu'on nomme hypnotisme par contact. — Les liseurs de pensées (Cumberland, Ninoff) sont dans ce cas ; enfin, il y a l'hypnotiseur qui ne peut opérer qu'avec un sujet habituel, c'est le moins puissant, c'est le magnétiseur de foire. — Il existe aussi un quatrième genre d'hypnotiseur, celui qui s'hypnotise lui-même en touchant sur son corps un point hypnogène, enfin d'autres s'hypnotisent simplement par leur volonté, par auto-suggestion.

Ces derniers dégagent leur double-aithérique de leur corps et peuvent dès lors aller au loin voir ce qui se passe dans une contrée fort éloignée.

Hypnotisme. — Littré nous dit au sujet de ce terme : « Sorte d'état magnétique que l'on provoque en faisant regarder par une personne un corps brillant, qu'on tient très près des yeux.

Aujourd'hui, nous avons fait du chemin depuis cette définition ; aussi pour être plus exact, sommes-nous obligés d'en fournir une autre et de dire : l'hypnotisme est un nouveau terme pour remplacer, ceux de *mesmérisme* et de *magnétisme* pour désigner un sommeil nerveux *sui generis*, légèrement différent du sommeil magnétique cependant, mais tout différent du sommeil ordinaire. C'est dans la séance du 13 février 1882 à l'Académie de médecine, que le Dr Charcot affirma pour la première fois, qu'en dehors du sommeil ordinaire, il y avait un sommeil nerveux ou hypnotique.

C'est ce jour-là, que le magnétisme étudié depuis plus d'un siècle par Mesmer (1775) fût pour ainsi dire officiellement reconnu. — Voy. Magnétisme.

Des termes Hypnose et Hypnotisme sont dérivés un grand nombre d'autres que le lecteur comprend sans qu'il soit besoin de les expliquer : ainsi sommeil hypnotique est synonyme d'hypnose; hypniâtre est un somnambule qui guérit les maladies par l'hypnose; l'hypnotisation est l'action d'hypnotiser, c'est-à-dire de détruire par un moyen quelconque l'équilibre, qui existe normalement chez un individu éveillé et cela en agissant sur sa force neurique, afin de séparer le double aithérique de son corps.

I

Incarnation. — Action de s'incarner, c'està-dire de devenir chair, de rentrer, suivant l'expression biblique, dans un *vêtement de peau*.

L'homme avant de faire son apparition dans la vie terrestre, dans la vie matérielle, vivrait, au dire de l'Ecole occultique, dans l'espace *aithéré*, c'est-à-dire dans l'espace interplanétaire et, après sa mort, il y retournerait un laps de temps plus ou moins long, puis, il reviendrait sur la terre, de là les naissances successives, dénommées *incarnations* et *réincarnations*.

Cette théorie a été très controversée et l'est encore de nos jours; c'est Allan-Kardec, le rénovateur du Spiritisme moderne, qui l'a émise dans ces derniers temps et il faut dire qu'elle a soulevé de grandes discussions parmi les spirites, car les uns (les réincarnationistes) en sont partisans et les autres s'en montrent adversaires non moins acharnés. — Pour nous, nous n'avons pas à nous occuper ici de l'incarnation au point de vue de la possession d'une entité astrale du corps d'un médium. Certes les incarnations successives de l'homme nous paraissent nécessaires pour son évolution, la vie physique n'étant qu'une sorte d'alambic dans lequel une première distillation donne une eau moins impure, une seconde distillation fournit un liquide plus purifié encore, mais ce n'est, dirons-nous, que de *l'eau de roses* encore, et nous savons que pour obtenir de l'essence supérieure, superfine, de la quinte-essence, il faut distiller et redistiller au moins cinq fois; il n'y aurait donc rien d'étonnant qu'il fallût à l'homme un grand nombre d'existence pour atteindre l'état parfait, l'état de pur esprit qu'il avait avant sa chute. Cette théorie ne répugne pas à l'esprit d'un homme sensé, mais la question de la réincarnation admise, il y a lieu de se demander si l'homme se réincarne sur la même planète ou sur une autre, et c'est ce point qui apporte la division dans le camp spirite.

Suivant la doctrine Bouddhique, l'homme à l'état de Bouddha ne reparaîtrait plus, parce qu'il aurait atteint un degré de perfection qui terminerait la chaîne de ses existences. — L'homme arrivé à ce dernier chaînon (Etat de Bouddha) aurait atteint la *pleine connaissance* ou *conscience*, c'est-à-dire qu'il aurait le pouvoir, d'après les Bouddhistes, de contempler toutes ses existences passées. Ce qui précède est parfaitement démontré par le passage de la Bagavad-Gita (IV *yoga de la science*, 5) : « J'ai eu bien des naissances et toi-même aussi Arjuna! Je les connais toutes ; mais toi, héros, tu ne les connais point! »

Nous n'insisterons pas sur ce sujet ; nous renverrons ceux de nos lecteurs qui voudraient l'étudier à fond, au beau volume de la *Psychologie devant la science et les savants*, un volume in-12, Paris, Chamuel, 1894 (1), 3ᵉ édition Paris, 1909, et nous étudierons ici l'incarnation médianimique.

Il y a lieu de se demander tout d'abord si certains médiums peuvent ou non, prêter leur corps à une entité de l'astral?

C'est aujourd'hui un fait inconstestable, et il n'y a que ceux qui ne veulent pas étudier la chose qui peuvent en douter ou la nier. Nous, qui depuis que nous étudions l'Occultisme, c'est-à-dire depuis 1861, avons vu des centaines de médiums

(1) Voici une bien faible partie de ce que traite ce volume : l'od et le fluide odique, l'aura, la polarité humaine, le fluide astral, le magnétisme, l'hypnotisme, la suggestion mentale, l'hypnose, la catalepsie, la télépathie, les divers médiums, l'extériorisation, les possessions, les obsessions, la force physique, la magie, etc.

à incarnation, nous ne saurions en douter; du reste, beaucoup de médiums entrent en *trance* par une sorte de secousse, de soubresaut caractéristique, tout à fait matériel, visible par conséquent, après lequel un observateur, voit tout à fait changée, transformée, la physionomie du médium : sa voix même n'est plus la même, donc il faut bien admettre dans ce cas, une substitution de personnalité ; ceux de nos lecteurs qui ont été ou iraient consulter actuellement la Voyante Mme Lay-Fonvielle, constateraient ce qui précède si, après notre affirmation, il pouvait rester un doute dans leur esprit.

Iddhinisme. — Néoterme du langage occultique, qui désigne un ensemble de facultés psychiques chez un médium. Ce terme est dérivé du Pâli ; il est synonyme du sanskrit *Siddhi*, qui désigne des pouvoirs anormaux de l'homme. Il y a, nous dit la *Voie du silence*, « deux espèces de Siddhis : un groupe contient les énergies psychiques et mentales inférieures, grossières ; l'autre exige les plus hauts entraînements des pouvoirs spirituels. »

Inescation. — Procédé de médecine occulte qui consistait à donner à un animal la maladie d'un homme, puis on tirait de cet animal les principes dont on faisait des préparations pour obtenir la guérison du malade. Ce terme dérive de *Esca* (nourriture) parce que c'était par la nourriture qu'on inoculait la maladie à l'animal. Toute la médecine Pastorienne, toute les préparations hypodermiques, en un mot, la sérothérapie tire son origine de l'Inescation. Il ne faut pas confondre ce procédé de médecine occulte avec le transfert ou la transférence, qui est tout autre chose.

Influence. — Ce terme a, dans la langue occultique, le même sens que dans la langue ordinaire ; mais en outre, en Astrologie, ce terme désigne un état particulier déterminé par chacune des nouvelles positions de la terre, par rapport à l'ensemble du ciel. Les astres ont également une influence sur les personnes et sur les divers membres des mêmes personnes ; d'où l'expression : *Astra inclinant*. — (*Voy. Influx.*)

Illuminé. — Ce terme se prend en bonne et mauvaise part ; de là, il est pour les uns synonyme de *Voyant* et pour les autres de fou. — Au pluriel, ce terme désigne une secte qui eut jadis en Allemagne une grande célébrité, car un grand nombre d'illuminés passaient pour avoir le don de *seconde vue* ou *vue intérieure* et, dès lors, ils pouvaient prophétiser. — Beaucoup de grands hommes ont été illuminés. — Cf. Gérard de NERVAL : *Les Illuminés*.

Image de cire. — Voy. ENVOUTEMENT.

Imprécations. — Menaces ou conjurations prononcées contre certaines personnes et qui sont suivies d'effets, quand elles sont prononcées par des sorciers ou des mages noirs reliés à une chaîne astrale maléfique.

Incantations. — Pratique magique faite au moyen du Verbe (Parole) et qui a pour objet la réalisation de certains effets, bons ou mauvais d'ailleurs ; les magiciens et magiciennes de l'antiquité ont largement pratiqué les incantations, Médée par exemple.

Incubes. — Mauvais esprits pouvant se matérialiser dans un but pervers : l'incube est un esprit mâle, la succube est l'esprit femelle.

Influx astral. — Influx des astres que l'Ecole occultique assimile par rapport à la terre au fluide neurique chez l'homme.

Voici ce qui concerne les signes du Zodiaque relativement aux différentes parties du corps : la tête est sous l'influx du *Bélier* ; le cou sous celui du *Taureau*, les bras sous celui des *Gémeaux* ; la poitrine sous celui de l'*Ecrevisse* ; les épaules et les flancs sous celui du *Lion* ; les reins sous celui de la *Vierge* ; les fesses sous celui de la *Balance* ; les organes génitaux sous celui du *Scorpion* ; les cuisses sous celui du *Sagittaire* ; les genoux sous celui du *Capricorne* ; les jambes sous celui du *Verseau* ; les pieds sous celui des *Poissons*.

Les heures ont, elles aussi une influence sur les diverses parties du corps ; Cf. à ce sujet Isis dévoilée page 248 et suiv. 1 vol. in-12, 2ᵉ Edit., Paris, E. Perrin, éditeur, 1898.

Inhalation. — Parmi les moyens occultiques employés pour rétablir la santé humaine, il n'en est pas de plus puissant que l'inhalation, qui, nos lecteurs le savent, est un mode artificiel utilisé pour faire manœuvrer l'appareil respiratoire atrophié par la maladie ou une faiblesse quelconque.

En Orient, le souffle est très étudié, comme moyen d'entraînement, pour obtenir des résultats que dans notre Occident on ne saurait encore admettre. L'art de respirer amène dans l'économie humaine des pouvoirs psychiques considérables. Cf. *Le Livre des Respirations*, 1 vol. in-12, Paris, Chamuel, 1897. — Disons, en terminant ce court article, que si l'homme connaissait bien l'art de respirer, il n'aurait pas besoin d'utiliser l'inhalation. Voy. Respiration.

Iniangas. — Chez les Cafres Amazoulous, on désigne, sous ce terme, les sorciers qui exercent principalement la médecine magique. — Cf. A. Delegorgue, *Voyages dans l'Afrique australe*, tome II, p. 246 et *suivantes*.

Initiation. — Education graduelle, par laquelle on instruit un chéla (disciple) de ses *possibilités* au moyen d'un exposé dogmatique encore hypothétique. Cet exposé lui permet de développer en lui, par ses propres efforts, des facultés transcendantes qu'il ne possédait qu'en germe. Il existe et il a toujours existé deux genres d'initiation : celle des *Petits mystères* et celle des *Grands mystères*.

La première de ces initiations ne comporte qu'une revue synthétique des sciences élémentaires, des principes généraux, partant peu définis, de l'Occultisme.

L'Initiation aux grands mystères, la grande initiation ou plus simplement l'*Initiation*, embrasse la métaphysique des sciences dans leur spéculation transcendentale, ainsi que la pratique de l'art sacré en Occultisme.

Dans l'antiquité, l'art sacré était enseigné dans les temples par des professeurs hiérarchisés, qui faisaient passer le néophyte par tous les divers grades d'initiation. Ajoutons que si la petite initiation pouvait varier de peuple à peuple, de fraternité à fraternité la grande initiation était absolument identique dans tous les sanctuaires occultiques. Voy. l'article suivant.

Initié. — L'initié est celui qui a la connaissance des *Grands mystères* c'est-à-dire qui connaît toute la science occulte.

L'Initié du plus haut grade nous dit Anna

Kingskford (1), est celui qui a le pouvoir de commander aux *Esprits Elémentaux*, et par conséquent, celui qui peut imposer le silence à la foudre, commander aux vagues et à la tempête. Il peut aussi rétablir l'équilibre dans le corps humain, régénérer les organes et ramener la santé. Et tout cela s'accomplit par l'exercice de sa propre volonté qui met en mouvement le fluide magnétique.

Une personne douée de tels pouvoirs est une personne qui a, à son actif, des quantités *d'incarnations*. C'est dans l'Est que de semblables personnes se voient principalement. Le sol, le fluide astral, sont dans l'Orient, *chargés* de pouvoirs, si l'on peut dire, ce sont de vastes batteries composées de nombreuses piles.

Le hiérarche de l'Orient est une âme développée, évoluée depuis de longues séries d'années, et qui avec l'aide et le concours d'âmes plus anciennes encore que la sienne arrive à une haute évolution.

La terre qu'il foule aux pieds est un milieu chargé de force odique à tel point qu'on ne le retrouve nulle part plus puissant.

Le corps odique ou astral est le véritable corps de l'homme; le corps phénoménal ne vient qu'après.

(1) in *Lotus*, n° 2, août 1890, 2ᵉ vol.

Pour gagner le *Pouvoir*, il faut selon le langage des anciens mystères avoir atteint l'âge de 33 ans, c'est-à-dire l'âge magique ; et cet âge est atteint, quand on a accompli les *douze* labeurs, passé les *douze* portes, vaincu les *cinq* sens et obtenu le pouvoir sur les *quatre* esprits des éléments. Celui qui s'essaie à ce pouvoir, doit être né immaculé, baptisé par l'eau et par le feu, avoir été tenté dans le désert, crucifié et avoir été enterré. Il doit avoir reçu sur la croix *cinq* blessures et avoir répondu au rébus du Sphinx. Quand ceci est accompli, on est libre de la matière et l'on ne revêtira plus jamais le fardeau du corps physique.

Qui peut atteindre à cet faîte ?

L'homme qui est sans crainte et sans désirs, qui a le courage d'être absolument pauvre et absolument chaste ; à qui il est indifférent d'avoir ou non de l'or, des maisons et des terres ; d'avoir une réputation dans le monde ou d'être un paria.

— Alors vous êtes volontairement pauvre.

Il n'est pas nécessaire de ne rien avoir, mais il ne faut s'inquiéter de rien.

Quand il vous est indifférent d'avoir un mari ou une épouse, ou de ne point en avoir, d'être ou non célibataire, alors vous êtes libre de toute concupiscence. Il n'est pas nécessaire d'être vierge, mais il est essentiel, indispensable, de ne donner aucune prédominence à la chair. Rien n'est plus difficile que d'atteindre cette hauteur.

Quel est celui qui peut se séparer de tous ses biens sans regrets ; qui est celui que les désirs de la chair ne consument plus ?

Vous même, si vous avez cessé de vouloir posséder et si vous *ne brûlez plus*. Le remède est en votre pouvoir ; c'est une épreuve dure et terrible, mais n'ayez peur néanmoins. *Tuez vos cinq sens* et surtout le *goût* et le *toucher*.

Le pouvoir est en vous, essayez de l'atteindre.

Prenez vos aliments pleins de vie, et ne laissez pas la mort les toucher ; ne buvez rien de fermenté, ne cherchez aucun plaisir sexuel qui affaiblisse la force magnétique de l'âme. — Si vous satisfaites les désirs du corps, vous augmentez ceux-ci, les besoins du corps et le nombre de ses réclamations ; or, le corps n'est que corruption. *Tuez le goût*, d'abord, puis après le *toucher*...

Je vous ai montré la voie joyeuse, voilà la voie douloureuse.

A vous de juger si la résurrection vaut la passion.

Quand un homme a atteint le *pouvoir*, il est libre et peut manger et boire ce qui lui plaît ; mais tant qu'il est l'esclave des éléments, les *élémentals* ont pouvoir sur lui.

Héphaïsto est un destructeur, le souffle du feu,

un souffle de mort. Le feu qui passe sur les éléments de vos aliments les prive de leurs esprits vitaux et vous fait vous nourrir de *cadavres,* au lieu de choses vivantes. Et encore l'esprit du feu entre dans les éléments de votre corps, vous brûle et vous excite à la concupiscence.

L'esprit du feu est *subtil* ; c'est un esprit pénétrant et diffusible, et il pénètre toute matière sur laquelle il agit. — Quand vous absorbez une substance passée au feu, vous faites avec elle, pénétrer en vous l'esprit du feu, et vous vous l'assimilez en même temps que la matière dont il est devenu une part.

Il y a encore bien d'autres conditions à remplir pour arriver à être *Initié,* mais ce que nous venons de dire suffira pour montrer que ce n'est point une chose facile que d'atteindre à l'initiation et c'est pour cela qu'il y a si peu d'initiés et que le commun des mortels ne peut croire ni à leur existence et moins encore aux grands pouvoirs qu'ils possèdent.

Intuition. — Dans le sens occulte, on désigne sous ce terme un sixième sens tout psychique, qui permet à l'homme de voir sans ses yeux, d'entendre sans le secours de ses oreilles, etc. — C'est ce qu'on dénomme encore *Sens Interne* ou *Intérieur,* lequel sens est en voie de développement dans l'homme de notre race. — Il ne faut pas croire en effet que l'homme de la première race eut les sens de l'homme de nos jours. L'homme n'a dû avoir dans son origine qu'un ou deux sens, trois ou quatre au plus et bien imparfaits, puis il en eut cinq, puis il en aura six et même sept, mais quand ?

Involution. — Descente de l'esprit dans la matière ; c'est le contraire de l'Evolution. (*Voy. ce mot.*)

Ioun. — Terme Hébraïque, qui signifie jour, long jour et plutôt Evolution (*Voy. ce mot*), car Ioun correspond dans la Bible à environ un jour de Brâhma, c'est-à-dire à l'évolution d'un cycle entier.

Irrovation. — Procédé de la médecine magique qui consiste à arroser un arbre ou un arbuste des liquides et déjections qui sont expulsés du corps d'un malade. L'arbre ou l'arbuste devenant fort et vigoureux par suite de cet arrosage, emportait dit-on la maladie du malade.

Ithyphalle ou **Ithyphallos.** — Un des surnoms de Priape qui lui fut donné à cause d'un des organes de ce dieu. — Dans l'Antiquité, cet organe servait d'amulette ; les dames romaines le portaient à leur cou, comme bijou.

J

Jade. — Pierre précieuse, qu'on porte comme amulette et qui aurait la propriété de préserver de la morsure des bêtes vénimeuses et plus particulièrement des reptiles.

Jakises. — Mauvais élémentals, sortes de microbes de l'astral, qui vivent dans l'air, dans le voisinage de l'homme et leur causent des maladies; comme on voit ce sont des microbes pathogènes ce sont les contraires des phagocytes; ils sont fort redoutés surtout des Japonais.

Jammabos. — Anachorètes orientaux très versés en magie et en occultisme. Ils ne sont pas végétariens comme les **Munis** de l'Inde, car ils se nourrissent de viandes; ils sont donc *nécrophores*, mais ils passent leur vie à faire des pèlerinages dans des lieux saints ou *Sanctuaires*.

Jéhovah ou **Jévé.** — Nom du Dieu ou plutôt du Démiurge des Hébreux. — C'est un nom sacré très employé dans les conjurations magiques; on le trouve aussi fréquemment employé concurremment avec celui d'Adonaï, dans un très grand nombre de grimoires.

Jettatore. — Personne qui a le pouvoir d'envoyer à autre des maléfices par la seule puissance de son regard ; aussi dit-on que cet individu a le mauvais œil, a le pouvoir d'exercer la *Jettatura*. (Voy. *Envoussure* et *Envoûtement*). Le terme, cela se voit bien, est d'origine italienne. — Cf. dans *Nouvelles Esotériques* de MAB. 1 vol. in-12. — L'Ombrelle verte ou la Jettatura.

Jolibois, Vert-Joli ou **Verdelet**. — Nom d'un démon, chargé de conduire les sorcières au sabbat.

Jorir. — Ancien terme, qu'on ne retrouve plus que dans les grimoires et qui signifie : Détruire un charme par des conjurations.

Jumeaux ou **Gémeaux**. — Signe du zodiaque, qui exerce une grande influence sur les bras et par suite les mains.

Jouvence. — Voyez **Elixir de vie**.

Jusquiame. — Plante narcotique par excellence, et partant poison redoutable ; c'est l'*Hypocyanus niger* de Linné.

Cette plante, quand elle est respirée trop longtemps, produit de la stupeur, des tremblements convulsifs et amène un assoupissement léthargique qui détermine d'abord la léthargie, puis la mort.

Voici ce que nous lisons de cette plante dans un excellent ouvrage technique (1).

(1) Traité *théorique et pratique du Haschich et autres*

« Originaire de l'Orient, on prétend que cette plante a été importée en Europe, au Moyen Age, par des bohémiens (des Roumis), qui l'utilisaient pour leurs sortilèges.

« Des ouvriers agricoles qui s'endorment parfois dans le voisinage de cette plante ont subi les mêmes influences fatales que les personnes qui s'endorment dans le voisinage des champs de chanvre. On prétend même que des paysans ayant mangé des feuilles ou des racines de Jusquiame auraient été bientôt en proie à un délire furieux ; ils avaient l'œil hagard et la respiration fort gênée ; une réaction succédait à cet état et amenait alors la paralysie des membres inférieurs, tout comme aux personnes qui ont absorbé de la ciguë.

« Du reste cette plante, de la famille des Solanées, répand autour d'elle, une forte odeur vireuse très désagréable, qui la fait bien reconnaître ; quant à sa saveur, elle est âcre et nauséeuse.

. . . .

Une variété à fleurs blanches, une autre dénommée Jusquiame *Datura,* dont on torréfie les semences qu'on fait ensuite infuser comme le café

substances psychiques, s. n. d'auteur. 1 vol. in-18, Paris, Chamuel, édit. MDCCCXCV. Ravissant volume de Bibliophile.

procure aux Orientaux (principalement aux Arabes), une boisson qui accélère la circulation du sang.

. . . .

« Cette boisson exalte les facultés psychiques et stimule également tous les organes ; les Egyptiens emploient ce genre de café, qui a les mêmes propriétés que le *Kif*, dont ils font également usage (1) ».

Voici ce que nous lisons dans Pline, au sujet de la Jusquiame (2).

« On doit à Hercule, la plante qu'on nomme *Apollinaire* chez les Arabes ; c'est *l'altercum* ou *altercangenon* (3), chez les Grecs *hypocyanos* (Jusquiame) il en existe de diverses espèces...

« Cette plante a, comme le vin, la propriété de porter à la tête et de troubler l'esprit. On se sert de la graine en nature, ou bien encore on en extrait une huile qui est émolliente, mais contraire aux nerfs ; prise en boisson elle trouble le cerveau. »

Par les lignes qui précèdent, on voit que cette

---

(1) Le Kif est un terme arabe qui sert à désigner un mélange de feuilles et de fleurs de chanvre Indien ou Egyptien qu'on fume dans de petites pipes de terre.

(2) PLINE, *Histoire naturelle*, XXV.

(3) Ces deux termes sont donnés par Grovinius et les éditions de Pline, avant Hardouin.

plante, même du temps de Pline, était parfaitement connue pour ses propriétés magiques et devait certainement être utilisée par les sorcières, les magiciennes et autre pernicieuse engeance.

K

Kabbalah, Kabbale, voy. Cabale.

Kaho. — Maléfice spécialement pratiqué aux îles Marquises.

Kamlat. — Evocation magique de mauvais esprits chez différents peuples de l'Orient ; cette évocation est précédée chez les Arabes de percussions sur le tambourin, sur le tamtam, sur la darbouka et autres instruments.

Karma. — Ce terme, originaire de la théosophie hindoue, sert à désigner la loi de la cause et de l'effet, loi qui s'accomplit au cours de nos diverses incarnations. — Une fois que l'âme humaine a été lancée dans le courant de l'évolution, elle traverse comme individualité des périodes alternatives d'existences physiques et d'existences spirituelles. Ce mot possède un double sens : il signifie la *loi de causalité* et c'est aussi le *doit* et *avoir* ou la balance du mérite ou du démérite de l'individu.

Au commencement de chaque nouvelle incarnation, c'est la loi de Karma qui détermine le genre de *personnalité* que notre *individualité* assume en revenant sur la terre ; c'est le Karma en un mot, qui décide *où* et comment, c'est-à-dire dans quelle condition le *réincarné* doit naître. Ce terme, d'origine sanskrite, est aujourd'hui très fréquemment employé en occultisme et en spiritualisme.

Kobolds. — Esprits élémentaires, sorte de gnomes protecteurs des mines, dans lesquelles ils vivent et dont ils paraissent surveiller les travaux. Suivant que le mineur est bon et honnête, méchant ou sans probité, les gnômes l'aident ou le contrecarrent dans ses travaux.

Korrigan. — Lutin, sorte de nain des légendes bretonnes, qui vit dans les parages des monuments celtiques ou druidiques.

Kumacanga. — Ce terme, dans certaines contrées du Brésil, désigne le Loup-garou. (*Voy. ce mot.*)

L

Lamies. — Démons féminins, qui, d'après la légende, habiteraient les cimetières et dévoreraient les cadavres, tandis que les vampires se contentent de sucer leur sang. Les lamies dévorent toute la chair et les intestins et ne laissent que les os. Leur nom proviendrait de *Lamia*, reine de Lybie, qui éventrait les femmes enceintes pour dévorer leur fœtus. La légende nous apprend que cette reine, douée d'une beauté remarquable, fut aimée de Jupiter, aussi Junon fit-elle périr tous ses enfants ; dès lors Lamia, jalouse des autres mères, se précipitait sur les femmes enceintes pour dévorer le fruit de leurs entrailles, ou même sur les nourrissons qu'allaitaient leurs mères.

Lampe magique. — Lampe utilisée dans les opérations et cérémonies magiques ; elle est construite de manière à synthétiser en elle les influences planétaires.

Lampe merveilleuse. — Bien qu'il existe un grand nombre de lampes dites *merveilleuses*, le vulgaire ne connaît guère que celle d'Aladin ; il en existe beaucoup d'autres cependant, mais nous ne parlerons ici que de la lampe d'un fameux rabbin de Paris, nommé Jeschiel, que les Juifs considèrent comme un saint personnage. La lampe de Jeschiel possédait, paraît-il tous les avantages de la lumière électrique, comme on va voir. La tradition en effet, nous apprend que, quand tout le monde dormait, Jeschiel travaillait à la clarté d'une lampe, qui répandait dans sa chambre une lumière aussi pure que celle du jour, et cette lampe avait le privilège de brûler toujours sans huile, ni mèche ou autres ingrédients ; de plus le rabbin l'allumait et l'éteignait à volonté. Ne serait-ce pas une lumière électrique ou bien d'un métal radio-actif ?

Saint Louis ayant entendu parler de ce rabbin et de sa lampe merveilleuse, le manda auprès de lui et fût, dit-on, très surpris de son érudition.

Larves. — Etres malfaisants du monde invisible, de l'astral, qui ont des formes très diverses et, parfois, très répugnantes. — Ces êtres s'attachent au corps de l'homme comme de véritables parasites et vivent de sa substance. — La larve doit être connue des humains, car ce n'est pas un être chimérique ; les peuples de l'Antiquité ne l'ignoraient pas. — Nous pourrions mentionner ici des exemples très frappants qui démontreraient la réalité de ces êtres, mais nous ne le ferons point parce qu'il nous faudrait entrer dans des développements que ne comporte point le cadre de notre travail. — Cf. — *Dictionnaire d'Orientalisme* et *d'Occultisme*, 2 vol. in-12, Paris, Chamuel.

Laurier. — Cet arbre, dédié à Apollon, met, d'après Apulée, les hommes à l'abri des mauvais Esprits. Les feuilles du laurier sont utilisées en magie et le bois de cet arbuste sert à faire des petits cubes pour pratiquer la *Cubamancie* ou *Astragalomancie*.

Lécanomancie. — Divination à l'aide d'un bassin, d'un grand vase rempli d'eau ; ce mode n'est donc qu'une variété de la captoptromancie dont nous avons parlé précédemment. En effet, le bassin remplit l'office d'un miroir par la surface de l'eau, et c'est sur celle-ci où le devin lit l'avenir. On jetait parfois dans ce bassin des lames d'or et d'argent ; souvent on substituait au bassin une coupe brillante, une lame d'épée ou un bouclier métallique à surface polie. C'est Jean de Salisbury, qui nous apprend ces faits, en nous donnant une énumération des procédés usités dans son temps. On dénomme également ce genre de divination : *Hydromancie*, puisque c'est l'eau qui est utilisée ; il a été employé par l'enchanteur Nectanébus, comme on peut le voir dans le *Livre de la vraie Histoire du bon roi Alexandre*.

Lechies. — Divinités agrestes qu'on assimile aux faunes et aux satyres ; elles attiraient les voyageurs au fond des bois, puis les chatouillaient pour les faire rire, jusqu'à ce que la mort s'en suivît. — En Russie, on croit encore aujourd'hui aux Lechies.

Lémures. — Génies malfaisants que les Etrusques et, après eux, les Romains identifièrent avec les Larves et parfois les *Lares* et les *Mânes ;* ce sont des Élémentals ou des Esprits élémentaires mauvais qui viennent tourmenter les vivants, surtout pendant leur sommeil.

Leucophylle. — Plante qui passait dans l'Antiquité pour posséder des vertus magiques ; par exemple, quand elle était cueillie à certaines heures de la lune, elle préservait les femmes des infidélités de leur mari.

Lévitation. — Ce terme sert à désigner l'action d'un corps suspendu dans l'air sans le secours (apparent du moins) d'un agent quelconque ; la lévitation est donc le soulèvement spontané d'un corps, du corps d'une personne par exemple qui se tient dans l'air suspendu un certain temps. Nous avons vu le fait, nous avons vu passer la main sous les pieds d'un homme, d'une table, d'un fauteuil, d'un canapé qui étaient tenus en suspension dans l'air.

Depuis un temps immémorial, on a pu constater les phénomènes de lévitation dans les contrées les plus diverses ; les histoires religieuses de presque tous les pays constatent de nombreux cas de lévitation de leurs *saints* personnages, car tous les hommes ne sont pas aptes à produire ce phénomène ; les personnes ayant cette faculté sont ce que nous nommons aujourd'hui des *médiums*.

Bien que nous croyions que le lecteur ajoute foi à nos paroles, nous mentionnerons cependant à l'appui de ce que nous venons de dire l'opinion d'Apollonius de Thyane sur le sujet :

« J'ai vu, dit-il, ces Brahmes de l'Inde qui habitent sur la terre et qui n'y habitent pas, qui ont une citadelle sans murailles et qui ne possèdent rien et cependant possèdent tout. »

Or il faut entendre par ces mots « qui habitent sur la terre et qui n'y habitent pas » le phénomène de *lévitation*, le dégagement du double, etc. La science des Brahmes lui fut parfaitement démontrée, aussitôt que ceux-ci connurent le but de sa visite.

Dès qu'il fut en leur présence, le chef de la caste lui dit : « Les autres hommes ont besoin de demander aux étrangers, qui ils sont, d'où ils viennent et ce qu'ils désirent. Nous, au contraire, comme preuve première de notre savoir, nous connaissons tout cela, jugez-en plutôt ! »

Alors le *clairvoyant* Brahme raconta à Apollonius les principaux événements de sa vie, lui parla de sa famille, de son père, de sa mère, de ce qu'il avait fait, etc., etc. Apollonius, frappé d'étonnement, supplia alors les Brahmes de bien vouloir l'initier à une science aussi profonde, aussi surhumaine, ce qui lui fut accordé. Après avoir accompli ses années d'épreuves, il revint en Europe, où sa clairvoyance et les guérisons qu'il opéra émerveillèrent tout le monde. Un jour, dans une conférence qu'il faisait à Ephèse, il se recueillit, fixa un point de l'espace et s'écria tout à coup : « Frappe le tyran, frappe ! »

Puis, se tournant vers les Ephésiens assez étonnés, il leur dit : « Domitien n'est plus, le monde est délivré de son infâme oppresseur ! »

Quelques jours après, les Ephésiens apprirent qu'au jour et à l'heure où Apollonius avait eu cette vision à Ephèse, le tyran avait été assassiné à Rome.

Après l'autorité d'Apollonius de Thyane qui vivait au premier siècle de l'ère chrétienne, nous allons citer Maria d'Agreda, la célèbre mystique espagnole, qui vivait au XVIIe siècle. — Née en 1602, l'auteur de la *cité mystique de Dieu* entra à dix-huit ans au couvent de Burgos, où elle produisit des phénomènes de lévitation, d'apport et de dédoublement si fréquents, que Philippe IV d'Espagne entama avec elle une correspondance qui se poursuivit sans interruption de longues années (cette correspondance a été publié en partie en 1854 seulement).

Nous mentionnerons enfin le célèbre médium Dunglas Home, qui possédait à un haut degré le pouvoir de lévitation, comme on va voir.

Voici les sensations qu'il éprouvait au moment

où allait se produire le phénomène en question : il nous le décrit lui-même de la manière suivante (*Révél. sur ma vie surnaturelle*, pp. 52 et 53) : « Durant ces élévations, dit-il, je n'éprouve rien de particulier en moi, excepté cette sensation ordinaire, dont je renvoie la cause à une grande abondance d'électricité dans mes pieds ; je ne sens aucune main me supporter et depuis ma première ascension... je n'ai plus éprouvé de crainte, quoique si je fusse tombé de certains plafonds où j'avais été élevé, je n'eusse pu éviter des blessures sérieuses. Je suis en général soulevé perpendiculairement, mes bras raides et soulevés par dessus ma tête, et je me trouve dans une position de repos. J'ai demeuré souvent ainsi suspendu pendant quatre et cinq minutes... Une seule fois mon ascension se fit en plein jour, c'était en Amérique.

« En quelques occasions, la rigidité de mes bras se relâche et j'ai fait avec un crayon des lettres et des signes sur le plafond, qui existent encore pour la plupart à Londres ».

Voilà certes un témoin digne de foi ; mais comme il est acteur et auteur à la fois, le lecteur pourrait élever des doutes sur la véracité de son récit, aussi allons-nous faire confirmer la narration de Dunglas Home par William Crookes, l'illustre Président de l'Académie Royale de Londres.

Voici ce qu'a écrit dans son livre de la *Force Psychique*, p. 156, l'éminent chimiste : « J'ai observé divers cas de lévitation, notamment avec le médium américain Dunglas Home ».

. . . .

« Il y a au moins *cent cas bien constatés* de l'enlèvement de M. Home, qui se sont produits en présence de beaucoup de personnes différentes, et j'ai entendu de la bouche même de trois témoins, le comte de Durawen, lord Lindsay et le capitaine C. Wynere, le récit des faits de ce genre les plus frappants accompagnés des moindres détails de ce qui se passa. Rejeter l'évidence de ces manifestations, équivaut à rejeter tout témoignage humain, quel qu'il soit, car il n'est pas de fait dans l'histoire sacrée ou dans l'histoire profane qui s'appuie sur des preuves plus ou moins imposantes. »

Nous nous arrêterons ici ; nous pourrions certes fournir de très nombreux exemples, de même que donner l'explication, mais il faut savoir nous borner.

Libanomancie ou **Lébanomancie**. — Divination pratiquée à l'aide de la farine, de l'encens, et qui était employé dans la plus haute Antiquité.

Dion Cassius a décrit assez longuement les cérémonies que les anciens pratiquaient dans la libanomancie.

Licorne. — Animal fantastique souvent figuré dans les enluminures et manuscrits du Moyen Age dans lesquels on voit qu'il porte sur le front une longue corne droite et pointue. C'est cette corne qui, pulvérisée, servait à éprouver les mets, qu'on soupçonnait être empoisonnés. La même poudre de Licorne avait le pouvoir de préserver de toutes sortes de sortilèges.

Ligatures. — Maléfice à l'aide duquel on *liait*, on paralysait certaines facultés de l'homme qui l'empêchait de consommer l'acte de mariage. Les ligatures sont diverses ; il y a le *Chevillement*, un maléfice qui bouche un conduit, le canal de l'urètre, par exemple ; il y a l'*Embarrure* qui est un empêchement magique qui paralyse les mouvements de l'homme ou de l'un de ses organes.

Le maléfice plus spécialement désigné sous le nom de *Ligatures*, qui rend l'homme impuissant, est également dénommé *Nouement de l'aiguillette; Aiguillette nouée.*

D'après la tradition, ce serait Cham qui serait l'inventeur de ce maléfice, que les Grecs connaissaient et pratiquaient très fréquemment. — Platon (*de leg.*, L. II), conseille à ceux qui se marient de bien prendre garde aux charmes et ligatures qui peuvent troubler la paix du ménage.

— Les Romains connaissaient également le nouement de l'aiguillette; on peut lire, en effet, dans

Virgile et dans Ovide, les procédés utilisés par les sorciers de leur temps. Le principal consistait à faire une figure de cire de Priape qu'on serrait avec un ruban ou une cordelette, en prononçant à ce moment certaines conjurations.

Le Moyen Age a aussi largement utilisé les ligatures, qui sont une sorte d'envoûtement.

Liseur de pensée. — Personne qui lit dans l'esprit d'une autre personne ; le liseur de pensée est un médium ou *Automatiste*. La théorie que nous aurions à donner ici pour faire comprendre le mécanisme de la lecture de la pensée serait trop longue à développer, aussi nous ne l'entreprendrons pas, d'autant que nous trouverons l'occasion d'en parler plus à propos, plus longuement, au mot Télépathie (voy. ce mot).

Litanies. — Prières récitées ou chantées dans diverses religions, leur usage remonte à une très haute Antiquité ; ainsi, en Egyppte, dès la dixième ou onzième Dynastie, on chantait des litanies du Soleil. Dans bien des cérémonies magiques (de la Magie noire) on chantait dans diverses contrées des *litanies* dites *du Sabbat* qui précédaient la *Messe noire*, le plus horrible des sacrilèges.

Lithomancie. — Divination pratiquée au moyen de pierres ; plusieurs modes étaient employés. On jetait par exemple de petits cailloux les uns contre les autres, et suivant le son qu'ils rendaient, on tirait des pronostics.

Livre magique. — Livre de formules, livre de conjurations ou d'évocation que le mage doit consacrer lui-même suivant des rites ou formules déterminées.

Livres Sibyllins. — Recueil d'oracles présentés à Tarquin par une Sibylle et que les Romains ne consultaient que dans les grandes occasions.

Lotus. — Plante aquatique des pays chauds qui a de grandes significations, sur lesquelles nous ne saurions nous étendre ; nous dirons que c'était dans tout l'Orient une plante sacrée, qui symbolisait l'Univers, etc., etc.

Le *Lotus Zizyphus* est comestible et possède la propriété de faire oublier à ceux qui en mangent leur patrie et les êtres qui leur étaient chers. — C'est du sein du Lotus (du *Padma Yoni* qu'est sorti le *Cosmos*.

Loup-garou. — Homme ou femme, métamorphosés en loup par suite de sortilèges ou d'enchantements. — On nomme les loups-garous *Lycantropes*, d'où la transformation, *Lycanthropie*.

D'après les démonographes, ce ne serait qu'à l'aide du démon (du diable) que pareille transformation pourrait être accomplie.

L'existence des loups-garous ne peut être contestée par la science moderne et dans l'Antiquité elle a été attestée par un grand nombre d'auteurs, entre autres par Hérodote, Virgile, Strabon, Dyonisius Afer, Pomponius Mela, etc., etc.

Au Moyen Age, les loups-garous étaient fort redoutés, ils parcouraient les campagnes en poussant d'horribles hurlements. — On affirme que l'empereur Sigismond fit examiner la question devant lui et demanda à de doctes théologiens, ce qu'on devait penser des loups-garous ; les théologiens déclarèrent que non seulement, on devait croire à leur existence, mais encore qu'il y aurait hérésie à ne pas y croire.

Loup (*moelle de*). — Substance qu'on retire des os du loup, principalement de la patte gauche de devant. C'est avec cette moelle que les sorcières fabriquaient un onguent qui avait des grandes vertus, notamment de rendre les maris fidèles etc.

Lucifer. — Nom du génie infernal, qui gouverne l'Orient. — C'est aussi le nom de la planète Vénus, quand elle se montre à l'horizon un peu avant le jour ; c'est pourquoi on la dénomme aussi : Etoile du matin, *Stella matutina*.

Lutins. — Esprits légers, sorte de farfadets ou d'esprits follets qui passaient pour des espiègles pendant le Moyen Age, employant leur temps à lutiner les hommes, de là leur nom. — Au fond, ces esprits ne sont pas méchants, ils peuvent même rendre des services dans la maison. — Dans quelques contrées, on les nomme *Luthons*.

Lycanthropie, **Lycanthrope**, voy. **Loup-Garou**.

Lychnomancie. — Divination qui se faisait en inspectant la flamme d'une lampe ; aussi dit-on *Lampadomancie* pour désigner le même mode de divination.

M

Macrocosme. — En Occultisme, il faut entendre sous ce terme l'ensemble de la Nature : l'Univers tout entier.

Madan. — Terme sanskrit, qui sert à désigner une classe d'élémentaires d'une méchante nature, qui affectent la forme animale, principalement celle d'un bœuf énorme avec de petites jambes courtes.

Le Madan vit en bonne intelligence avec le sorcier, auquel il prête volontiers son concours pour faire du mal à l'homme, le rendre malade et le faire même mourir.

Il existe divers genres de Madans : le *Madan-koumil*, le *Madan-poruthou*, le *Madan-schudala*, le *Madan-schula*, etc., etc.

Le Madan-Koumil est un esprit élémentaire de l'eau, une *ondine ;* son qualificatif de *Koumil* désigne le bruit que fait une bulle d'air en s'élevant dans l'eau. Cet esprit n'est pas mauvais, c'est plutôt un lutin espiègle, qui aide les hommes suivant ses moyens ; c'est-à-dire qui l'aide à arroser ; il fait également tomber la pluie et il seconde les hydromanciens dans leurs pronostics.

Le Madan-Poruthou, lui, est une sorte d'esprit Herculéen, le plus puissant des madans au point de vue musculaire : c'est lui qui, dans les séances obscures de spiritisme, soulève les meubles les plus lourds, les déplace et les transporte d'un endroit à l'autre ; c'est lui aussi qui peut, dans bien des cas, aider à des expériences de lévitation.

Le Madan-Schoudâla est une sorte d'esprit vampire assoiffé de sang ; aussi vit-il autour des abattoirs, fréquente-t-il les lieux de supplice, les champs de carnage et réside-t-il de préférence dans les cimetières, principalement autour des fosses communes, où l'attire l'odeur et l'abondance des cadavres frais.

Enfin le Madan-Schoula est un mauvais esprit très glouton, très goulu et gourmand, qui aime à résider dans les cuisines. — Il est l'ami des hommes qui lui font du bien, inconsciemment, parce que ce sont par exemple de bonnes fourchettes; il joue au contraire des mauvais tours à ceux qui lui déplaisent, c'est-à-dire qu'ils ont un fluide répulsif (qui les repousse loin de lui).

Ceux de nos lecteurs qui ne sont pas versés dans l'occultisme auront peut-être de la peine à admettre les lignes qui précèdent, mais nous pouvons leur garantir qu'elles sont exactement l'expression de la vérité. Ainsi nous pouvons leur garantir que nous avons vu, de nos yeux vu, ce qu'on appelle vu, dans des séances psychiques, des bras énormes de Madan-Poruthou, nous avons touché leurs mains, qui ne mesuraient pas moins de 48 à 50 centimètres et qui étaient recouvertes de poils rudes et longs de 2 ou 3 centimètres.

Nous terminerons cet article sur les Madans en disant qu'il y a peut-être plus de six mille espèces d'Esprits de la nature et nous engagerons ceux de nos lecteurs qui voudraient approfondir cette question à lire la *Doctrine Esotérique à travers les âges*, 2 vol. in-12, Paris, Chamuel 1900 ; — nous leur recommanderons tout spécialement le chapitre XIV, tome I, page 325, dans lequel ils verront une nomenclature assez considérable des esprits connus des Chaldo-Assyriens.

Madhou. — Terme générique qui sert à désigner certains génies malfaisants de la mythologie hindoue.

Mage, Magie, Magisme. — La Magie est la science traditionnelle des secrets de la nature, elle nous vient des Mages de l'Orient. — A l'aide de cette science l'Adepte ou Initié se trouve investi d'une sorte de toute-puissance relative, mais ce qui est certain, c'est qu'il peut obtenir des résultats tout à fait en dehors de la portée du commun des mortels.

Parmi les Mages célèbres, nous mentionnerons : Hermès Trismégiste, Osiris, Orphée, Apollonius de Thyane, l'empereur Julien, Merlin, Cornélius Agrippa, Eliphas Lévi, Stanislas de Guaita, le Sar Péladan, Philippe, de Lyon, etc.

Pour parvenir à la puissance magique, il faut quatre qualités indispensables : une intelligence éclairée et instruite, une audace que rien ne saurait arrêter, une volonté inflexible et une discrétion à toute épreuve ; du reste, voici le quaternaire du Mage :

Savoir, Vouloir, Oser, Se taire.

En Magie, il n'y a qu'un dogme :

Le visible est la manifestation de l'invisible ; en d'autres termes : le Verbe parfait est dans les choses appréciables et visibles en proportion exacte avec les choses inappréciables à nos sens, invisibles à nos yeux. — Le Mage doit avoir une volonté ferme, car la volonté exerce sur tout ce qui vit une influence Universelle ; aussi le développement de cette faculté doit être le but que doit poursuivre tout homme qui veut commander aux forces de la Nature. Le Mage doit élever une main vers le ciel et abaisser l'autre vers la terre en disant : « Là-haut l'immensité, là-bas, l'immensité encore, toujours l'immensité ; l'immensité = l'immensité ?... »

L'ancien Magisme, aujourd'hui dénommé Magie, embrassait dans son ensemble toutes les sciences : l'Astrologie, l'Astronomie, l'Alchimie ou l'Hermétisme, la Thérapeutique, la science des Nombres, etc.

Ici, il ne saurait être question de la Magie des peuples sauvages, qui n'est qu'un amas de grossières superstitions et de procédés empiriques plus ou moins obscurs ; ce Magisme, de même que la Magie empirique des campagnes n'a rien à faire ici ; ce n'est du reste que du Fétichisme, si l'on veut, une sorte de religion grossière et barbare, mais ce n'est nullement de la Magie.

Chez les peuplades nègres, par exemple, la superstition est portée à son comble ; les amulettes et les Grisgris y jouent un rôle considérable. Ainsi pour un nègre de certaines peuplades d'Afrique, tout objet peut devenir un talisman, un amulette protecteur habité par les esprits, et dès lors peut devenir l'objet d'un culte particulier !

La Magie, qu'on devrait plutôt appeler de son ancien nom le Magisme, a été la première doctrine religieuse, morale et politique de l'humanité. — Son nom est dérivé du grec Μαγος et Μαγεία (mage, magie) qui n'est que l'altération des termes *Mog, Megh, Magh*, qui, en Pehlvi et en Zend, signifient Prêtre, Sage, Excellent. d'où dérive le mot kaldéen *Magdhim*, qui signifie haute Sagesse, Philosophie sacrée, Théosophie.

D'après cette étymologie, la Magie serait donc l'ensemble des connaissances possédées par les Mages ou Philosophes de l'Inde, de la Perse, de la Kaldée et de l'Egypte.

Quelle que soit l'opinion que l'on professe pour la Magie, il est un point indiscutable, c'est qu'elle a exercé et exercera toujours une attraction considérable sur tous les esprits chercheurs et que, par dessus toutes choses, elle ne cessera d'exciter toujours une grande curiosité.

Disons en terminant ce court article pour un si vaste sujet, que le mage blanc, le mage véritable, a une contre-partie : le mage noir, ce dernier est une des formes de Sathan. — Pour d'autres détails ; Cf. — Dictionnaire d'Orientalisme, d'Occultisme et de Psychologie, 2 vol. in-12 illustré, Paris, Chamuel, Ed. 1896. — 2° Edition *en préparation*.

Magiques (*Instruments*). — Les instruments magiques servent à accomplir les œuvres de magie, ils sont très divers ; voici ceux que nous trouvons relatés dans Homère : La ceinture irrésistible de Vénus Aphrodite (1) la Baguette d'Hermès psychopompe (2) ; le Breuvage consolateur d'Hélène (3) ; la Baguette et le Breuvage de Circé (4) ; le chant des Syrènes (5), et les Formules curatives des fils d'Autalycos (6). Inutile d'ajouter que ces instruments sont symboliques.

Parmi les instruments magiques, nous devons nous étendre quelque peu sur les disques en carton de couleur, qu'on emploie pour les expériences de magisme. Au centre de chaque disque se trouve le numéro d'ordre que la couleur occupe dans le rayon solaire. Du côté gauche, on peut lire l'action que les couleurs doivent produire sur le sujet, tandis qu'à droite, on voit le signe de la planète protectrice du disque. Les disques sont au nombre de 9 ; 7 représentent les couleurs primitives. Le disque n° 8 est blanc et le n° 9 est noir, ces deux disques annoncent le commence-

---

(1) *Illiade*, XIV, 225.
(2) *Ibid*, XXIV, 334 et *Odys.* V, 4, XXIV, 3.
(3) *Odys.* IV, 220.
(4) *Odys.* X, 210, 450.
(5) *Odys.* XII, 40.
(6) *Odys,* XIX, 457.

ment et la fin. L'action de chacun des disques consiste à frapper avec force l'imagination du sujet soumis aux épreuves, chacun d'eux produit des phénomènes différents les uns des autres ; en voici l'énumération :

Le disque n° 1, Violet, est représenté par les plantes *Hydrocyanus niger*, *Datura stramonium*, *Cannabis Indica*, etc.; il produit comme effets : mouvement continuel des bras et des jambes ; désir de toucher à quelque chose; cris, aboiements imitant ceux du chien ; envie de mordre ; ivresse complète; apparition de toute sorte de bonheur, etc.

Le disque n° 2, Indigo, *Piper nigra*, produit une action fébrile, faiblesse des membres abdominaux, perte de la vue, tremblements des paupières, sommeil profond.

Le disque n° 3, Bleu ; *Piper cubeba, laurus camphora, assa fœtida* ; excitation générale, mouvements convulsifs, envie de dormir, somnolence abattement.

Le disque n° 4 Vert ; larmes abondantes, l'individu joue avec ses mains comme un enfant, a envie de courir; tressaillement de tous les muscles du corps, engourdissement général, léthargie.

Le disque n° 5, Jaune ; *Strychnine, asparagus officinalis*, etc. Balancement de la tête en avant et en arrière; engourdissement général, sommeil, somnambulisme, etc.

Le disque n° 6, Orange; *Valériane officinale, Tabac*, etc., agitation.

Le disque n° 7, Rouge ; *Prunelle vulgaire, Lavande, Digitale pourprée*, etc. Cris poussés par l'effet de la peur ; cris aigus intermittants, etc.

Les plantes produisant un effet analogue aux couleurs, le Magiste doit, pour diriger et maintenir l'action produite par elles, utiliser tout d'abord les plantes, puis les disques coloriés, qu'on fait tourner parfois devant les yeux de la personne. Parmi les autres instruments magiques connus, nous devons mentionner l'Epée, le Miroir, le Pantacle, le Pentagramme, le Sceau de Salomon, etc.

Mahatma . — Adepte des sciences occultes. Les Mahatmas sont aujourd'hui centralisés en Asie sur les hauts plateaux des monts Himalaya. — Ces Initiés aux *Grands Mystères* ont atteint un haut degré de développement psychique, aussi ne pourraient-ils pas vivre dans un milieu où prédominent les instincts matériels et les passions physiques ; c'est pour cela que les mahatmas se sont retirés là où nous venons de dire, ils y poursuivent une tâche importante, qui consiste à préserver la Sagesse antique de toute erreur et à la faire progresser le plus possible parmi les hommes. — Les Théosophes les dénomment *Frères de l'Himalaya*.

Main. — La main joue un grand rôle en sorcellerie. En Egypte la main était le symbole de la force, tandis qu'à Rome, ce n'était que celui de la foi. — Dans certains pays, la *main de gloire* n'était que la mandragore ; le même terme désignait chez les sorciers la main d'un pendu qui avait subi diverses préparations qui lui donnaient la faculté d'endormir profondément les habitants d'une maison dans laquelle on avait déposé une main de gloire. Enfin, on nomme *main taupée*, la main qui avait étranglé une taupe vivante, laquelle main avait la propriété par simple attouchement de guérir les maux de dents et les névralgies violentes.

Maisons du soleil. — Divisions du ciel au nombre de douze, faites par les Astrologues pour certains travaux. — En Astrologie, on nomme maisons tombantes les maisons 3e, 6e, 12e.

Maléfice. — Moyen magique employé par les sorciers ou les goëtiens pour faire du mal aux personnes ou aux animaux ou pour détruire les récoltes. On désigne sous le nom de maléficié, la victime du maléfice.

Maléfique. — Qui a de mauvaises influences ; les astres peuvent être maléfiques dans certaines circonstances par exemple quand ils sont en conjonction avec d'autres. Les sorciers peuvent pronocer des paroles ou des conjurations maléfiques, etc.

Mana-Geneta. — Déesse magique, dont le culte avait quelque analogie avec celui d'Hécate. Ce culte était entouré de mystères. — Pour détourner les mauvais esprits : Larves, Lémures, etc., les anciens avaient recours à des sacrifices expiatoires, qui étaient accompagnés généralement d'exorcismes (1).

Manche à balai. — Monture utilisée par les sorcières pour se rendre au Sabbat.

Mandragore. — Plante magique de la famille des Solanées, qui aurait la propriété de rendre heureux ceux qui en portent des feuilles desséchées en un sachet; de même que la fleur de *crocus vernus* ou safran constitue un talisman pour améliorer la santé de celui qui le porte. — On nomme aussi cette plante *main de gloire*. Le suc de la Mandragore est également utilisé en magie et en sorcellerie.

Manitou. — Ce terme chez diverses peuplades sauvages sert à désigner les Esprits, le *Grand Manitou* est le Grand Esprit ou l'Etre suprême des Indiens ou de certaines peuplades nègres.

---

(1) Denis d'Halicarnasse, *Ant. Rom.*, V, 54.

Mantique. — Les grecs nommaient Μαντικα ce que les Latins dénommaient *Divinatio* ; c'est-à-dire cette lumière divine qui s'ajoutait comme une faculté nouvelle à l'entendement humain. — Un prêtre égyptien dont le *Timée* reproduit une conversation avec Solon, place la Mantique à côté de la thérapeutique, d'après ce prêtre, ces deux sciences auraient été systématisées par la déesse Neith, puis transportées en Attique (1).

Mantrams. — Formules magiques, conjurations en vue d'obtenir des résultats divers. Les mantrams sont de diverses sortes, mais nous ne saurions en dire ici plus long.

Mara. — Ce terme d'origine sanskrite désigne un démon (*Asura*) ; sa traduction littérale est *ce qui tue* (l'âme). Il est la personnification de la tentation de l'homme par ses vices. Le roi des Maras, le grand Mara (*Maha-Mara*) est représenté avec une couronne dans laquelle brille un joyau d'un tel éclat, qu'il aveugle ceux qui le regardent. Cet éclat est évidemment une « allusion à la fascination exercée par le vice sur certaines natures ». Cf. — La *Voix du silence,* p. 24, note 1.

Maraca — Baguette magique de certains peuples américains ; à l'une de ses extrémités se trouve adaptée une espèce de coloquinte ou un

---

(1) Cf. PLATON, *Timée*, p. 54.

petit coco rempli de cailloux. C'est avec la Maraca que certains sorciers américains rendent leurs oracles. Les sauvages utilisent la Maraca, comme un talisman destiné à protéger leurs pirogues.

Mara-Rupas. — Terme sanskrit de la mythologie hindoue, qui sert à désigner des âmes inférieures d'hommes qui par leurs goûts matériels restent attachés au plan terrestre après leur mort et qui ont la faculté de pouvoir prendre les formes animales qui caractérisent le mieux leurs instincts. Sur la terre, ces individus n'étaient que ce qu'on nomme des *hom-animaux* (hum-animaux) le corps physique conservant la forme humaine, chez un homme entièrement animalisé ; mais après la mort le corps astral de ces êtres ne les empêche pas de revêtir des formes animales qui sont l'expression caractéristique de leurs basses passions. C'est à ces Maras-Rupas auxquels, Jacob Bœhme fait allusion, quand il dit : « Par là, chacun doit apprendre, qu'il est ce que le fait sa volonté et que si ces désirs sont ceux des animaux, il n'est pas un homme, mais un habitant du royaume animal impudique, un serpent venimeux, un crapaud plein de *venin* etc., etc. »

Marc de café. — Mode de divination tout moderne, qui consiste à verser dans une assiette, du marc de café ayant servi, et délayé dans un peu d'eau. On promène la solution sur la surface de l'assiette ; puis on décante, c'est-à-dire qu'on rejette l'eau. Le résidu solide qui reste attaché à l'assiette, produit des figures généralement fort bizarres, à l'aide desquelles le médium ou devin tire des présages.

Marques du diable. — On désigne sous ce terme, des signes qui ont l'aspect d'une griffe ou d'une paire de cornes posées en forme de fourches. On prétend que toutes les sorcières qui vont au sabbat portaient de ces marques sur leur corps à des endroits divers, à l'œil ou ailleurs.

Matérialisation. — Action de se matérialiser, mais dans le langage occultique, surtout spiritique, ce terme indique une apparition, non plus fluidique aithérique ou astrale, mais une apparition réelle, matérielle, tangible. Les matérialisations se manifestent généralement à l'aide de certains médium très nerveux, robustes et forts, dénommés à cause de cela, *médium à matérialisation, mediums à incarnation*.

Examinons le *modus operandi*.

La cause immédiate du phénomène c'est la force neurique (force nerveuse) ou le fluide vital du médium ou des personnes réunies dans une assemblée, laquelle force est dirigée par la volonté inconsciente du médium dans le cas de la matérialisation de *son double aithérique* ou en général parce que les anglais nomment des *Spooks* inertes ;

ou bien cette même force provient des êtres de l'astral, dont la coque ou cadavre est de date relativement récente.

Quant aux Adeptes ou Initiés, ils opèrent la matérialisation de leur forme astrale en utilisant la force neurique emmagasinée pour ainsi dire dans leur corps, laissée à une certaine distance de leur matérialisation.

Mauvais œil. — Voy. JETTATURA.

Masikin Mazqin. — Terme hébraïque, qui désigne des sortes de larves analogues au Telenaï. — Ce sont ces mauvais esprits qui font irruption dans le corps de l'homme, une fois que l'âme (*Ruach*) s'en est retirée.

Mécasphim. — Sorciers Kaldéens qui utilisaient principalement les herbes et les plantes magiques pour leurs opérations.

Mécubales. — Philosophes hermétistes des anciens Hébreux qni se livraient à l'étude de l'alchimie. On a fort peu de renseignements au sujet de ces philosophes ; aucun dictionnaire, aucune encyclopédie, si volumineuse soit-elle, ne connaissent ce terme. On ne le trouve mentionné que dans RAGON, *Maçonnerie orthodoxe*, p. 543 : « Mécubales et Cabalistes chez les Hébreux. »

Méditation. — Action de méditer, de réfléchir sur un sujet ou un objet quelconque. Nous ne dirons que quelques mots de la méditation ;

au point de vue occultique, nous ne la considérerons que comme méthode d'entraînement pour la voie mystique ou spirituelle.

Chez les Hindous, par exemple, la méditation comprend quatre stages dénommés respectivement : *Para, Pashyanti, Madhyamâ* et *Vaikhari*. Les voix et les sons mystérieux (*Anahata Shabda*) entendus par le Yoghi aux premiers stages de la méditation, ne sont entendus que par ceux qui ont développé leurs sens internes spirituels ; seul le quatrième état, Vaikhari est perçu par l'oreille physique.

Médium. — Personne douée de certaines facultés, qui lui permettent de servir d'intermédiaire entre les êtres invisibles et les hommes. D'après les spirites, le médium serait un individu qui est censé pouvoir servir d'intermédiaire entre les esprits des morts et des vivants ; cela diminue singulièrement le rôle du médium, qui communique non seulement avec les morts, mais avec l'esprit des vivants, etc., etc.

Les Psychistes ou Psychologues anglais et américains substituent, avec raison suivant nous, au terme de médium, celui *d'automatiste*, qui a l'avantage de ne rien préjuger et de désigner tout simplement une personne présentant des phénomènes d'automatisme, c'est-à-dire, involontaires et souvent ignorés du sujet, bien qu'empreints d'intelligence, tandis que dans ces mêmes phénomènes, les spirites ne voient exclusivement que l'intervention des incarnés, théorie reconnue aujourd'hui complètement fausse par la science.

La médiumnité ou faculté médianimique, la faculté automatique variant à l'infini, il existe divers genres de médiums ou automatistes ; cependant on peut ramener tous les genres de médiums à quelques types principaux parmi lesquels nous mentionnerons : les typtologues, les écrivains, les moteurs, les auditifs, les voyants, les parlants, les matérialisants, les incorporants, les guérisseurs, les somnambules, les psychomètres, les pneumatographes.

Bien que ces diverses dénominations appliquées aux médiums qualifient leurs divers genres, nous définirons cependant les principaux ; on nomme :

Médium typtologue, celui au moyen duquel des meubles de bois, tables, etc., produisent des coups, de petits craquements ou sonorités (*raps*).

Médium écrivain, celui dont la main écrit mécaniquement sur le papier, l'ardoise ou un objet quelconque, et cela sans que la volonté de l'écrivain participe en rien dans cet acte; il y a des médiums écrivains auditifs ; ceux-ci entendent non par l'oreille, mais par le grand sympathique, par l'épigastre; d'autres entendent comme une légère voix à côté d'eux ou derrière eux.

Médium matérialisant, celui qui a la faculté de faire paraître des fantômes ou des parties de fantôme : pieds, mains, têtes, etc.

Médium incorporant, celui qui peut prêter temporairement son corps à un invisible et qui alors parle et agit par lui : l'Ange Gabriel avec Mlle Couesdon; Julia avec Mme Lay-Fonvielle, etc.

Médium guérisseur, celui qui en imposant les mains sur des malades, les guérit de leurs maux : le zouave Jacob était un guérisseur de première force; nous lui avons vu accomplir dans sa petite maison d'Auteuil des guérisons véritablement merveilleuses.

Beaucoup de magnétiseurs et tous les thaumaturges sont des médiums guérisseurs.

Médium pneumatographe, celui qui a la faculté d'obtenir de l'écriture, des dessins même ou des vignettes graphiques directement, c'est-à-dire sans le secours de sa main, ni de celle d'aucune autre personne naturellement; par exemple, de l'écriture directe entre deux ardoises réunies entre elles par de petites ficelles scellées avec un cachet de cire; un seul petit bout de crayon à ardoise d'un demi-centimètre étant placé entre les deux tablettes; tels Eglinton et Slade, médiums bien connus en Angleterre et sur le continent européen.

Médiumnité. — Faculté que possèdent les médiums ((*voir l'art. précéd.*). La médiumnité n'est pas un fait du hasard, ni une marque de développement intellectuel pour celui qui la possède; c'est une faculté qu'on a en soi, de même que certaines personnes sont bien douées pour les arts : peinture, musique, sculpture, etc. Ajoutons cependant que, de même que les artistes sont généralement des natures bien douées et parfois médiums inconscients, de même des personnes possédant des qualités morales, peuvent faire de bons médiums, parce que morales. Evidemment chez tous les hommes intervient la loi de **Karma** (voy. ce mot) qui attribue à chacun son lot, le lot que lui ont nécessité ses bonnes œuvres.

Tous les grands intellectuels, les nobles intelligences, sont plus ou moins médiums, mais la médiumnité peut être plus ou moins développée, suivant l'individu en qui elle réside; elle se manifeste, du reste, de mille manières, soit par inspiration, soit par somnambulisme, soit sous l'action magnétique.

A l'heure actuelle d'après de *savants* docteurs, la médiumnité serait un signe d'infériorité (nous pouvons affirmer le contraire, ce serait même un signe de dégénérescence d'après les mêmes docteurs, car il n'y aurait guère que des scrofuleux, des détraqués, des hystériques qui seraient médiums. C'est étrangement comprendre la chose ; c'est même un renversement d'idées ; nous ne nions pas en effet que des médiums qui abusent de leurs facultés, principalement des femmes, arrivent à être des hystériques, des détraquées, mais on peut appliquer les mêmes états d'infériorité à tous les grands travailleurs intellectuels ; des grands littérateurs, des poètes, des peintres, des grands artistes peuvent, par l'abus, arriver au cabanon de la maison de santé, mais s'ils sont fous, ce n'est pas parce qu'ils furent de grandes intelligences, mais parce qu'ils abusèrent de leur supériorité et travaillèrent plus que de raison pour acquérir plus de gloire et de fortune qu'ils n'en avaient.

Nous dirons donc, en manière de conclusion, que le nombre de médiums conscients ou inconscients est si considérable qu'il s'en trouve parfois même parmi les hystériques et les détraqués ; bien plus, ces médiums sont ainsi parce qu'ils sont possédés par de mauvais esprits, car pour tout penseur sérieux, certains genres de folies ne peuvent être expliqués que par des possessions démoniaques, favorisées par l'abus de travaux médianimiques. — Cf. — *La Psychologie devant la science*, chap. XIII, page 180. 1 vol. in-12, Paris, 1893. — 3ᵉ Edition, revue et augmentée, Paris, H. Daragon, 1909, et Librairie du XXᵉ siècle.

Aux termes médiums et médiumnité se rattachent ceux de *médianimique* et de *médianisme* qui suggèrent par leur racine même à notre esprit l'idée d'âmes intermédiaires (*media anima*). Comme synonyme de médiumnité, ou commence à employer *médiumnisme*.

On nomme phénomènes de *Rétrocognition* ou d'*hypermnésie*, des messages ou communications médianimiques d'évènements passés et généralement ignorés des personnes présentes qui sont en rapport avec le médium qui les fournit.

Mendal. — Terme arabe usité dans le langage occultique pour désigner une opération divinatoire faite au moyen d'une coupe remplie d'eau, par laquelle un marabout prédit l'avenir. C'est le médium au verre d'eau des spirites modernes.

Voici, comment opèrent les Arabes. Ils emploient une vierge et lui commandent de concentrer son attention sur la surface d'un vase d'un récipient quelconque rempli d'eau. C'est la coupe divinatoire. Quand le sujet est lucide, c'est-à-dire clairvoyant des visions lui apparaissent à la surface de l'eau comme dans un miroir et la voyante peut alors décrire ce qui se passe au loin ; parfois les arabes emploient au lieu et place de la coupe comme *miroir* magique, la paume de la main de la Voyante qui a été préalablement enduite d'encre.

Mental. — Qu'est-ce que le mental ? C'est le siège de la volonté et de l'entendement. — La volonté est le véhicule de l'amour, qu'on retrouve au fond de toute parole et de toute action, de même que l'entendement est le véhicule de la pensée. — Pour opérer des œuvres magiques, il faut bien connaître toutes les ressources que peut fournir le mental, qui est une des divisions de l'âme, car celle-ci dans le kama-loka se divise en causale, animale et mentale.

D'après la *Voix du silence :* « le mental est le grand destructeur du réel » parce que la méditation concentrée montre la vanité, l'illusion des choses matérielles, qui nous paraissent seules vraies pour nos sens grossiers.

Le terme sanskrit *Dhârana* désigne la concentration intense du mental sur quelque objet intérieur de perception, laquelle concentration doit être accompagnée de l'isolement le plus complet, le plus absolu de ce qui appartient à l'univers *extérieur* ou au monde *physique*.

Messe noire ou **Messe à rebours**. — Cérémonie satanique, en vue de faire apparaître le démon. — Il est absolument certain que des messes noires ont été dites dans le passé, mais aujourd'hui, elles sont complètement abandonnées et nous n'osons croire absolument à la narration qui a été faite dans un journal d'un rédacteur ayant assisté de nos jours, à Paris, à une messe noire, qu'on dénomme *messe à rebours*, parce que l'officiant la dit avec les vêtements sacerdotaux mis à l'envers et en intervertissant l'ordre des prières et cérémonies.

Métaux. — Les métaux, en Occultisme et surtout en Alchimie, jouent un grand rôle, comme talismans, employés dans les breuvages, etc. — En alchimie les métaux sont de deux sortes ; les métaux parfaits : l'or et l'argent, et les métaux imparfaits, c'est-à-dire ceux que les alchimistes s'efforçaient de transmuter en or et en argent.

Météoroscopie. — Divination qu'on accomplit à l'aide des météores ; c'est une des branches de l'astrologie.

Métoposcopie et Métoscopie. — Divination obtenue par l'inspection des traits du visage, et plus particulièrement par les rides du front.

Les ouvrages sur la Métoposcopie sont assez rares, cependant divers auteurs anciens (1) en ont parlé. Au xvie siècle, Cardan a publié un *Traité de Métoposcopie*, qui renferme des traits assez curieux.

(1) Cic., *de Fat. Tuscul.* IV, 7 ; Suétone, *Tit.* 2. — Juvénal, *Satire*, VI, 58. — Velleius Paterculas, II, 14.

« Le front, dit-il, est de toutes les parties du visage la plus importante et la plus caractéristique ; sur l'inspection seule du front, un physionomiste habile peut deviner les moindres nuances du caractère d'un homme. En général, un front très élevé avec un visage long et un menton en pointe, est l'indice de la nullité des moyens. Un front très osseux annonce un naturel opiniâtre et querelleur ; si ce front est aussi très charnu, il est le signe de la grossièreté, etc.

La Chiromancie médicinale (1) de Philippe May de Franconie, renferme un petit traité des physionomies qui est d'autant plus intéressant, qu'il donne un grand nombre de figures explicatives avec toutes les rides du visage, principalement du front. Mais il y a lieu d'ajouter que les rides ne se montrent, ne se prononcent.

Mézuzoth. — Talisman hébraïque, auquel les Juifs ont une grande foi. Il comporte un petit étui en argent, qui renferme un parchemin vierge roulé sur lequel sont inscrits des versets du Talmud. Les Juifs encastrent des mézuzoths dans les chambranles de la porte de leur maison, afin de chasser de celle-ci les maléfices, les sortilèges, les

---

(1) Un volume in-18 réédition de l'édition *princeps* introuvable, Paris, Chamuel, éditeur, 1896. Cette édition contient une chiromancie synthétique très saisissable, d'une interprétation facile par Ernest Bosc.

maladies, en un mot, tous les dangers possibles.

Microcosme. — Le macrocosme, c'est l'Univers visible, le microcosme, c'est l'homme, qui est considéré en occultisme, comme un abrégé de toutes les parties de l'Univers.

Microposope. — Les cabbalistes désignent sous ce terme le véritable mage, créateur du petit monde.

Mire ou Myre. — Ancien terme de notre langue, qui sert à désigner un médecin ou mieux un sorcier exerçant la médecine.

Miroir Magique. — Un des ustensiles de la Magie, dans lequel, le Mage montre au consultant des faits qui le concerne ou des choses, qui ont lieu, loin du dit consultant, c'est donc un des moyens pour voir le passé ou l'avenir et le *Devin* s'en sert comme organe de concentration de la lumière astrale ; il utilise le miroir comme il ferait d'un verre d'eau, d'un disque noirci au noir de fumée, d'une boule de cristal, etc., etc., d'où de nombreux miroirs magiques : Le *miroir theurgique*, le *miroir des sorciers*, le *miroir de Du Potet*, le *miroir de Swendenborg*, le *miroir magnétique*, le *miroir narcotique*, le *miroir galvanique*, le *Mendal* (voy. ce mot) ou *miroir arabe*, le *cabbalistique*, le *miroir des Battahs*, le *miroir des sept métaux*, etc., etc.

Le miroir sert surtout au Voyant à s'abstraire du visible pour percevoir l'Invisible ; il soutire de l'œil le plus possible de lumière physique et c'est de là, qu'il est d'une si grande utilité.

Voici, théoriquement ce qui se passe quand un sensitif fixe ses regards sur un miroir. Il existe dans le monde astral, ou mieux dans le corps astral, sept centres de force, dont l'un, nous l'avons dit bien des fois, correspond à la glande pinéale, ce centre est le point, d'où les forces physiques se subliment pour nourrir l'aérosome (corps subtil). Ce centre correspond en outre aux plexus caverneux, qui est le siège de la vision psychique (œil de Shiva) ; c'est là le centre de la vision, aussi le Voyant doit-il concentrer toute sa force nerveuse au milieu du front, entre les deux yeux, où se trouve l'œil de Shiva, et le miroir sert à concentrer sur un point de l'espace une partie de la lumière astrale (lumière hyperphysique) ; en effet nos sens astraux se perdraient sans cela, dans le milieu astral, s'ils n'étaient pas mis en communication avec un point particulier du plan fluidique ; c'est le miroir magique qui réalise, cette dernière condition, ajoutons, surtout le miroir concave.

D'où cette nouvelle définition du miroir magique, définition donnée, pensons-nous, par notre confrère Phaneg : « Instrument de culture des sens astraux, condensateur de la lumière astrale et qui joue un rôle analogue à l'*objet* qui sert au psychomètre, à ses recherches. » Cf. — *Dictionnaire d'orientalisme, d'occultisme et de psychologie*, 2 vol. in-12 avec figures, Paris, Chamuel, éditeur.

L'emploi des miroirs magiques dits aussi *Miroirs constellés*, remonte à une très haute antiquité. Varron (1) prétend que c'est en Perse qu'on a fait le premier emploi de cet ustensile magique, ce qui prouverait bien que ce sont les Mages, qui seraient les inventeurs du mode divinatoire dénommé CATAPTROMANCIE (voy. ce terme).

Moly. — Plante magique de la famille des Alliacées, que Mercure donna à Ulysse, afin de neutraliser les funestes effets des breuvages que Circé lui avait donné.

Myrs. — Voy MIRE.

Mouvement. — Force élémentaire, que l'on considère comme simple vibration, qui sert à expliquer les phénomènes de la nature quels qu'ils soient : condensation, chaleur, lumière, électricité, dilatation etc. — Le mouvement ne s'opère que par des vibrations ondulatoires successives.

Mystagogue. — Littéralement, celui qui conduit le Myste, c'est-à-dire celui qui veut être

---

(1) Dans Saint-Augustin, *de civitate Dei*, VII, 35.

initié aux mystères, et par suite le mystagogue est celui qui explique les choses sacrées et mystérieuses.

Mystères. — Vérités cachées au vulgaire et qu'on ne révèle qu'à ceux qui veulent devenir initiés. — Il y a les grands et les petits mystères. — Qu'étaient au juste les grands mystères, la grande initiation ? — Peu de personnes le savent au juste, malgré tout ce qui a été écrit sur le sujet. On est à peu près certain cependant, que parmi les grandes vérités révélées à l'initié se trouvait en première ligne, le Dogme de l'Unité de Dieu, puis l'immortalité de l'âme, le dogme de la réincarnation, etc., etc. — Consulter à ce sujet Isis Dévoilée, *passim*, et plus particulièrement le chapitre XXIII, 1 vol. in-12, 2ᵉ éd., Paris, librairie académique, Perrin et Cⁱᵉ. II. Chacornac, Chamuel.

Mystique. — La mystique est la science qui s'occupe des choses mystiques, en un mot de tout ce qui touche au mysticisme.

Si nous ouvrons un dictionnaire de l'usage, on ne trouve pas la définition de ce terme en tant que substantif ; il n'y est défini que comme adjectif, et quelles définition encore ! Voici, par exemple, celle du Petit dictionnaire de Littré augmenté (?) par Beaujean. « Qui a un caractère de spiritualité allégorique en parlant des choses de la religion. — Qui raffine sur les matières de dévotion et sur la spiritualité?

D'après cette dernière définition, la mystique serait donc un raffinement sur les matières de dévotion et sur la spiritualité. — Nous préférons à cette définition celle que nous trouvons dans le moine laïque de Ligugé, nous avons nommé J. K. Huysmans (*En route*, p. 106, 7ᵉ éd.) : « La mystique est une science absolument exacte. Elle peut annoncer d'avance la plupart des phénomènes qui se produisent dans une âme que le Seigneur destine à la vie parfaite, elle suit aussi nettement les opérations spirituelles que la physiologie observe les états différents du corps.

« De siècles en siècles, elle a distingué la marche de la grâce et ses effets tantôt impétueux et tantôt lents; elle a même précisé les modifications des organes matériels, qui se transforment quand l'âme tout entière se fond en Dieu. »

Rien n'est plus exact que ce qui précède, mais nous ajouterons qu'il y a lieu de distinguer trois mystiques : 1º la mystique naturelle ; 2º la mystique divine ; 3º la mystique diabolique.

Nous dirons en manière de conclusion pour ce court article sur un aussi important sujet, que la mystique est la science d'entraînement vers la spiritualité, vers le mysticisme, vers la *Voie parfaite*; telle est la définition de la *Mystique natu-*

relle, et nous mentionnerons parmi les grands Mystiques contemporains : Jacob Bœhme, Claude de Saint-Martin, le *Philosophe inconnu*, son ami le baron de Kirchberger, Swedenborg, les Néo-Platoniciens, les Religieux des Ordres cloîtrés et un grand nombre de Théosophes, d'Occultistes et de Spirites modernes.

N

Nabi et **Naby**. — Prophète hébreu ou illuminé et non fou, comme l'indiquent à tort, certains lexicographes.

Nahar-Dinur. — Terme hébreu de la Kabbalah, qui désigne le *Fleuve de feu* dans lequel se purifiaient les âmes, avant de se rendre dans le *Garden-Eden* (Paradis); le Nahar-Dinur correspondrait donc au Purgatoire des Catholiques; comme le *Ghéol* ou *Chéol* à l'Enfer.

Nécromancie. — L'art d'évoquer les morts, afin de s'entretenir avec eux, soit pour connaître l'avenir, soit dans un autre but. Le spiritisme a renouvelé à notre époque la *Nécromancie*, qu'on dénomme également Nécromance, Négromancie, et Nécyomancie. — Il ne faut pas confondre ces termes avec NIGROMANCIE.

La nécromancie a été en usage dès la plus

haute Antiquité, et cela jusqu'à l'abus. Aussi tous les grands législateurs des peuples ont interdit formellement cette pratique. Saül eut recours à la Nécromancie, à la Pythonisse d'Endor pour consulter l'Ombre de Schamuel (Samuel).

En Grèce et à Rome, la nécromancie a joué un très grand rôle; les plus habiles nécromanciens ou psychagogues furent, dans l'Antiquité, les Thessaliens et surtout les Thessaliennes.

L'évocation des morts fut pratiquée par Appius, l'ami de Cicéron (1), par Vatinius (2), par Libon Drusus (3), par Néron (4), par Caracalla (5). — La nécromancie existait chez les Etrusques (6) et l'Odyssée d'Homère nous offre une curieuse scène de Nécromancie (7).

C'est avec l'aide de la nécromancie qu'Orphée évoqua Eurydice, comme nous l'apprend Pausanias (IX, C. 30 § 3).

Nécyomancie. — Voyez le terme qui précède.

---

(1) Tuscul., *Quæst.* 16. — *de Divinat.* I, 58.
(2) Cicéron, *contra Vatin*, 6.
(3) Tacite, *annales* II, 28.
(4) Suetone Néron, 34 ; Pline, *Hist. nat.*, XXX, 5.
(5) Dion Cassius, LXXVII.
(6) Clément d'Alex, *Patr.* p. 14. — Théodoret, *Gr. affect. car.*, X, p. 950, 964, apud oper. T. IV.
(7) *Odyssée*, XI, 29 et suiv. — Cf. Apollon *Argon*, III 1030 et seq. et Ovide, *Metam.* VII, 240,

Négromancie. — Art de connaître les choses cachées dans les grottes souterraines, dans les mines et le sein de la terre.

Nepenthès. — Plante magique qui, mêlée au vin, aurait la propriété de calmer la douleur physique et morale ; ce serait une sorte d'eau du Léthé.

Hélène avait reçu cette plante de la reine Polydamna, femme de Thonis, roi d'Egypte, qui, suivant une tradition rapportée par Hérodote, enleva la belle Hélène à Pâris, qui avait été jeté à la côte par des vents contraires. La belle Hélène donna à boire du Népenthès à Télémaque et à son ami le jeune Pisistratès, fils de Nestor, pour leur faire oublier leur chagrin (1).

Le Népenthès dont il est ici question n'est nullement notre népenthès moderne qui croît dans les pays chauds, notamment en Afrique, et dans la famille duquel se trouve le Népenthès *carnivora*, c'est-à-dire cette curieuse plante dont la fleur attire les mouches et ferme sa corolle avec un opercule, afin de capturer les insectes.

Quelques mythologues ont pensé à tort que le Népenthès n'était que notre opium ; c'est une er-

---

(1) Cf. *Traité du Haschich et autres plantes psychiques*, ch. I, p. 18 et suiv. — 1 vol. in-12, Paris, Chamuel, éditeur et H. Chacornac..

reur, et nous pensons que le Népenthès de la belle Hélène était le *Cannabis Indica* ou Haschich (voy. ce mot).

Néphélim. — Enfants nés du commerce des Anges ou Esprits élevés et des filles des hommes. — C'est un terme hébreu et le livre d'Enoch nous apprend que les Néphélim étaient fils de géante et pères d'esprits élevés.

Neuf. — Nombre sacré ; de quelque façon qu'on le multiplie, le quotient par l'addition de deux chiffres qui servent à l'exprimer forment toujours le nombre 9 : 1 et 8 font 9 ; 2 et 7 font 9 et ainsi des autres jusqu'au complément cubique.

A cause de la solidité du cube, le nombre 8, premier nombre cubique était l'emblème de la fermeté immobile de Neptune, qui assure la consistance et la fermeté de la Terre.

Le nombre 9 joue un très grand nombre en occultisme.

Neurique (*Force*) et **Neurisme**. — Ce terme peut être considéré presque comme synonyme de celui de magnétisme, de fluide vital, etc. — Il a été employé, pensons-nous pour la première fois par le Dr Baréty de Nice qui dit dans son ouvrage : « La force neurique, dans son essence et son action, présente certaines analogies frappantes avec la chaleur, la lumière, l'électricité et le magnétisme. Cette force existe dans le corps de l'homme sous deux états : 1° à l'état *statique*; 2° à l'état *dynamique,* comprenant une circulation intérieure le long des fibres nerveuses ou Fibrones et un *rayonnement* ou expansion au dehors. — Elle émane spécialement du corps par les *yeux*, l'extrémité des doigts et la *bouche*. Les propriétés intrinsèques de la *force neurique rayonnante* sont des propriétés d'ordre physique analogues à celles de la chaleur, de la lumière et de l'électricité.»

Nid, Niddes. — Chant de malédiction des mages noirs ou *Goëtes* scandinaves. — En Islande, le même terme désigne la haute magie noire (*Seidur*).

Nigromancie. — Art de connaître ou de deviner les choses cachées dans les endroits sombres (*noirs*) tels que les grottes souterraines, les mines, le sein de la terre ou les profondeurs de la mer, c'est-à-dire dans des endroits noirs, d'où le nom de *Nigromancie.*

Nombres (*Les*). — La science des *Nombres,* qui paraît presque complètement perdue pour nous, formait dans l'Antiquité une sorte de langage universel mystérieux que pouvaient seuls comprendre les *Initiés*. Par suite de son langage allégorique, cette langue, en effet, ne disait rien de ce qu'elle avait l'air de dire ; elle n'exprimait que des idées toutes différentes de celles attachées à la valeur des chiffres représentés. Or cette langue des *Nombres*, tout à fait intelligible pour le vulgaire, était comprise par tous les savants du monde, quelle que fût la langue parlée. — Elle était comprise, en un mot, en dehors de toutes les langues, comme sont comprises aujourd'hui nos propositions mathématiques. — C'était bien la langue universelle tant cherchée de nos jours ; c'est de cette magnifique langue que Pythagore a pu dire que « l'arithmétique était la plus belle des connaissances et que celui qui la possèderait parfaitement aurait le souverain bien. »

Nous ne saurions nous étendre longuement sur cette vaste science, mais nous dirons en terminant que le sens des leçons de Pythagore sur les Nombres est que ceux-ci contiennent des éléments de toutes les sciences, et le philosophe grec appliquait cette science des Nombres au monde invisible. C. Agrippa, Saint-Martin, *le Philosophe Inconnu*, surtout ce dernier, ont étudié les *Nombres* d'une manière toute spéciale ; aussi renverrons-nous ceux de nos lecteurs qui voudraient approfondir cette question aux œuvres de Saint-Martin, notamment à son traité autographié.

Nomomancie. — Art de deviner les présages ou l'horoscope des personnes en utilisant leurs noms ou prénoms. On dit aussi *Onomancie* et *Onomatomancie*.

Nornes. — Chez les Celtes, on désignait sous

ce terme des Parques, des Vierges magiciennes et fatidiques, qui dispensaient les âges aux hommes; ces Parques étaient au nombre de trois : Urda (le passé), Vérandi (le présent) et Shalda (l'avenir); cette dernière a donné son nom aux Scalders qui prédisaient l'avenir. — Cf. — BÉLISAMA ou l'*Occultisme celtique dans les Gaules* (en cours de publication).

Notaricon. — L'une des trois divisions de la Kabbalah juive.

Nytalopie. — Faculté qu'ont certaines personnes de voir dans la nuit obscure, comme les chats et les felins par exemple.

O

Obi. — Terme qui désigne le Magicien ou le sorcier dans certaines tribus nègres.

Obsédés. — Personnes tourmentées et harcelées par de mauvais esprits, dont le nombre est beaucoup plus considérable qu'on le suppose généralement, car ne sont pas seuls obsédés, ceux qui le paraissent. Il ne faut pas confondre les obsédés et les possédés, ceux-ci sont entièrement dépossédés de leur corps, dont se sont emparés de mauvais esprits, et, dès lors, les possédés peuvent arriver à la folie (Voy. l'art. suivant). Ils ne possèdent plus leur *self government*.

Obsession. — L'obsession et la possession sont connues dès la plus haute Antiquité ; au Moyen Age, elles ont été aussi fréquentes que dans l'antiquité et les Pères de l'Eglise les ont affirmées et admises par conséquent ; les exorcismes démontrent le fait d'une manière indiscutable.

La Renaissance a admis également, et les obsessions et les possessions ; voici ce qu'en pensait, au XVI° siècle, l'illustre Paracelse :

« Une personne, dit-il ; qui est saine et pure ne saurait être possédée par des esprits élémentaires, parce que ces larves (*larvæ*) ne peuvent agir que sur les hommes qui leur donnent une place dans leur mental. Un esprit sain est comme une citadelle dans laquelle on ne saurait pénétrer sans la volonté de son maître. — Si on laisse pénétrer ces larves, elles excitent les passions humaines (des hommes et des femmes) et donnent naissance à de mauvaises pensées qui, en incitant le cerveau, font commettre de mauvaises actions ; elles aiguisent ainsi les esprits animaux (ou appétences bestiales) et étouffent bien vite toute espèce de moralité.

« Les mauvais esprits n'obsèdent que les humains chez lesquels domine l'animalité. La guérison de l'obsession ne peut être obtenue par des cérémonies et des exorcismes, car cette guérison est un acte purement psychique et moral. »

Par les lignes qui précèdent on voit que Paracelse savait fort bien ce que c'était que les obsessions : « un acte purement psychique et moral », rien de plus vrai ; mais où il se trompe, c'est quand il croit qu'on ne peut exorciser les personnes obsédées ou possédées par des élémentals ou des démons.

Aujourd'hui, même en dehors de l'exorcisme, on peut, par simple magnétisation, dégager le corps de l'obsédé ou du possédé de l'esprit obsesseur ; mais ce serait une grave erreur de croire que l'autorité d'un personnage pur, d'un saint homme ne puisse, par la force de sa volonté, expulser un mauvais esprit du corps d'un possédé.

Pour l'homme droit et probe, doué d'une forte énergie, il n'a nullement à redouter l'emprise d'un mauvais esprit. Du reste, les cas d'obsession et de possession complètes sont, aujourd'hui que l'instruction est répandue, beaucoup moins fréquents qu'au Moyen Age, par exemple.

Disons en terminant, que quand l'obsession persiste même après la mort, elle constitue alors une des formes du VAMPIRISME (Voy. ce mot).

Occulte (*science*) ou **Occultisme**. — La science occulte embrasse dans son ensemble ce qu'on désigne généralement sous le terme de *sciences occultes*, c'est-à-dire l'Alchimie ou Hermétisme, l'astronomie, la kabbalah, la magie, la nécromancie, etc., etc.

Pour la grosse masse du public, l'occultisme, la science occulte, suggère généralement à son esprit des idées de sorcellerie, de diables et de fantômes (Nécromancie et Goëtie). — S'il nous fallait définir l'occultisme d'un seul mot, nous dirions que ce terme sert à désigner ce qui n'est pas connu, ce qui par conséquent est caché à la foule. — Pour l'ignorant, la chimie, la physique, l'astronomie, les mathématiques, les sciences en un mot, seraient de l'occultisme. Aussi l'on peut dire que chaque fois qu'un homme fait un pas dans la voie du progrès, il diminue le vaste domaine de l'occulte. L'étude de la science serait donc le but de l'occultisme, ce qui est très vrai. Mais il y a lieu d'ajouter que le terme science occulte a une bien plus haute signification, car il désigne l'étude des phénomènes qui ne peuvent être perçus par nos sens physiques, mais qui sont compris et interprétés par notre *sens intime*, celui que Paracelse nomme notre *sixième principe* (Voir pages 8 et 9, *la Psychologie devant la science et les savants*; 1 vol. in-12, Paris, 1893). — Cf. également la 3e Ed. *passim*. — Librairie du XXe siècle.

Ce qui précède veut dire, dans un autre langage, que la science occulte enseigne, non ce que paraît être la nature, mais ce qu'elle est en réalité. Or, de toutes les études soumises à la curiosité humaine, l'étude de l'homme est de beaucoup la plus intéressante, disons même la plus importante, car se connaître soi-même, voilà la grande affaire pour l'homme. Malheureusement dans la vie réelle, dans les Ecoles scientifiques, on n'étudie que la forme extérieure de l'homme, c'est-à-dire son corps (*la bête humaine*), et l'on ne s'occupe nullement de son caractère réel, de son *Ego* ou *Moi* véritable. Or l'occultisme a pour but d'apprendre à connaître cet *Ego*, à développer les pouvoirs qui résident en lui. En poursuivant cette tâche de *se connaître*, l'homme se perfectionne de plus en plus, il affine ses sens et développe son *sens intime*, qui lui permet alors d'étudier avec fruit la science occulte.

Od. — Le Baron autrichien de Reichenbach a observé que diverses personnes, divers objets émettent une sorte de phosphorescence, un fluide lumineux, et il a dénommé celui-ci *Od* et *fluide odique. Ob* et *fluide obique.*

Œil (*mauvais*). — Funeste influence exercée par certains individus ; elle est due le plus souvent par le fluide impur qui souille (consciemment ou inconsciemment) la personne à portée du possesseur du mauvais œil, dénommée en italien *Jettatura*, d'où le nom de *Jettatore*, donné à celui qui a le mauvais œil. — Cf. dans « Nouvelles Esotériques » de Mab : l'Ombrelle verte ou la *Jettatura*.

Ombres. — Ce terme, chez les Anciens, était synonyme de *Fantômes*. — L'ombre était un être intermédiaire entre l'âme et le corps ; elle représentait figurativement celui-ci, mais n'était pas de forme tangible, n'était pas palpable ; c'est l'Ombre qui, d'après la mythologie ancienne, descendait aux Enfers et payait au nocher Caron le prix de son passage à travers le Styx ; c'est pour cela qu'on mettait sous la langue du défunt une petite pièce de monnaie.

Omniscience. — Tout savoir ; science intégrale que les Hindous dénomment en sanskrit *Akshara* et qu'ils dépeignent comme une plaine liquide sans rivage ; aussi l'akshara est considéré comme la source intarissable de l'Omniscience, c'est le symbole de la région de la pleine conscience spirituelle, au-delà de laquelle il n'existe aucun danger pour l'être qui a atteint cette région fortunée.

Omphalomancie. — Divination par l'inspection du nombril. Les accoucheuses par le nœud du nombril du premier né d'une femme peuvent pronostiquer combien la mère pourra avoir d'enfants après *Monsieur le premier*.

Ondins. — Esprits élémentaires des eaux, dont les femmes se nomment *Ondines*.

Onéiromancie, Onéirocritie. — Divination par l'étude des songes, en usage dans la plus haute antiquité. Arthémidore, philosophe du second siècle de l'Ere chrétienne, a composé un excellent *Traité des Songes*, dans lequel il a utilisé des ouvrages beaucoup plus anciens. L'auteur grec divise les songes en deux catégories : les *songe allégoriques* et les *songes spéculatifs*.

L'onéiromancie est considérée comme une science, tandis que l'art d'expliquer les songes est tout différent et se nomme *Onéirocritique*.

Onomancie. — Divination au moyen d'une épaule de mouton ; ce genre de divination était particulièrement pratiquée par les Arabes. Voici comment ils procèdent. Ils font bouillir une épaule droite de mouton, puis ils la dépouillent de sa chair, et le devin lit ainsi sur l'os dépouillé, l'os nu, le passé et l'avenir.

Onochomancie. — Divination au moyen des ongles ; elle se pratiquait de la manière suivante : On frottait de suie, d'huile et de cire, les ongles d'un jeune garçon vierge, et le devin lisait sur ses ongles des présages. D'autres devins prédisent l'avenir par l'inspection des taches blanches que certaines personnes portent sur leurs ongles. Ph. May de Franconie, dans sa

Chiromancie médicinale, a donné un petit traité sur les marques des ongles.

Oomancie et **Ooscopie**. — Divination au moyen des œufs. D'après Suidas, ce serait Orphée qui en serait l'inventeur.

Dans l'Antiquité, le devin tirait des présages suivant la forme des œufs. De nos jours, c'est par l'examen du mélange du blanc et du jaune, ou de la glaire et du jaune agglutinés dans une assiette par de l'eau bouillante, que le devin tire ses présages.

Ophiomancie. — Divination au moyen de serpents. Le devin observe leurs mouvements et en tire des présages. Ce mode de divination remonte à la plus haute Antiquité.

Or. — Transmutation de l'or (1). Voy. Alchimie.

Ornithomancie. — Divination tirée du vol, du cri et du chant des oiseaux. De nombreux mythes mettent le serpent en connexion avec ce genre de divination, parce que ce reptile attirait l'oiseau par son regard fascinateur.

Pline raconte que le sang de certains oiseaux (dont il donne l'énumération) produit un serpent qui donne à celui qui le mange, le moyen, ou

---

(1) Cf. également, *la transmutation des métaux et l'or alchimique*, par J. MARCUS DE VÈZE, 1 br. in-8° cavalier. Paris, Dorbon aîné, 1901.

du moins l'intelligence nécessaire pour comprendre le langage des oiseaux.

Orphisme. — Sous ce terme, on doit comprendre l'ensemble de la doctrine créée par Orphée, l'un des grands Initiés de la Grèce et qui, pour certains, n'est qu'un poète, un mage et même un simple sorcier. — Les idées de l'Orphisme, empruntées à l'Asie et à l'Egypte, furent répandues en Grèce par Orphée et par Homère. L'Orphisme mit en usage chez les Hélènes les purifications, les exorcismes, les évocations et quantité de rites et d'usages empreints de mysticisme et d'Esotérisme oriental.

Les sectateurs d'Orphée, dénommés *Orphéotelestes*, étaient des mages véritables qui écrivirent des ouvrages sur la Magie et la Divination; aussi plus tard, quand les Mages devinrent en Grèce de simples magistes ou diseurs de bonne aventure, ceux-ci accaparèrent les noms des savants pour répandre leurs écrits et leur donner une certaine autorité. C'est au moment de la décadence de la Magie, qu'on vit apparaître des Traités signés Ostanès, Dardanus, Typhon, Damigeron, Bérénice et autres noms plus ou moins connus (TERTULLIEN, *de animâ*, 35, PLINE, *Histor. Natur.* XXX, 2).

C'est Orphée ou l'Orphisme qui passe pour avoir été l'inventeur de l'ALCHIMIE ou du GRAND

Œuvre. (Etienne dans son Traité Περὶ χρυσοποιας, In Fabricius, *Bibliotheca Græca, tome* XII, p. 695.)

Oti. — Terme occultique ordinaire de la côte du Malabar et qui signifie *Courbure*. L'oti est une branche de la sorcellerie; voici comment il se pratique :

Un individu quelconque, parfois un peu sorcier, s'affuble de la peau d'un chien, d'un veau, d'une vache et se promène le soir, surtout la nuit, et fait du mal aux personnes qu'il rencontre. Généralement, ils s'associent plusieurs pour effrayer les paisibles passants. On voit que l'oti est une sorte de contrefaçon de la Lycanthropie. — Voy. Loup-garou.

Enfin, par extension, ce terme sert parfois à désigner le sort jeté par ces sorciers.

Œuf. — Nous ne saurions discuter ici sur ce qu'est l'œuf. — Bien des savants croient savoir ce qu'est un œuf, et cependant il est bien difficile de le dire! Par exemple, savons-nous si c'est l'œuf qui a produit, le premier, l'animal ou bien celui-ci qui a le premier créé l'œuf? Ce sont là des hautes études que nous ne saurions aborder.

Ici nous parlerons tout simplement de l'œuf de serpent qui était employé dans diverses opérations magiques. — Les Celtes recherchaient tout particulièrement cet œuf, comme nous l'apprennent de vieilles légendes bretonnes. Nous ajouterons aussi que les Gaulois nos pères, ce qui est tout un, avec les Celtes, utilisaient comme amulette, sous le nom d'œuf de serpent, une *Echinile*.

Au sujet de ces œufs, voici ce que nous dit Pline :

« Durant l'été, on voit se rassembler dans certaines cavernes de la Gaule des serpents, sans nombre, qui se mêlent et s'entrelacent, et, avec leur bave jointe à l'écume qui suinte de leur peau, ils produisent cette espèce d'œuf si recherchée des Gaulois. »

Om. — Syllabe mystique et sacrée qui s'écrit plutôt AUM (voy. ce mot).

P

Pacte diabolique. — Sorte de traité passé entre le diable ou des esprits du mal et un individu quelconque, généralement un sorcier. Un grand nombre d'écrivains, d'occultistes modernes, prétendent que le pacte diabolique a existé, et même qu'il en a été fait dans ces temps modernes. Un écrivain contemporain prétend même avoir pu en faire prendre un par un Esprit volant chez un ancien prêtre défroqué à Lyon, l'abbé B..., lequel pacte a même figuré en fac-similé dans un livre ou une revue d'occultisme.

Bergier, dans son *Dictionnaire théologique* nous dit :

« Un pacte est une convention expresse ou tacite faite avec le démon, dans l'espoir d'obtenir, par son entremise, des choses qui surpassent les forces de la nature. »

Pagès. — Ce terme qui a les allures d'un nom propre français, sert à désigner des sorciers des rives de l'Amazone, qui passent pour posséder un grand pouvoir dans les incantations employées contre les maladies et les douleurs de toute sorte.

« Les Pagès, nous dit A. Wallace (1), guérissent les plaies et les blessures en y appliquant de violents coups et en soufflant dessus, ce qui est un des modes du magnétisme.

« Les Indiens de l'Amazone s'imaginent de même que les Pagès peuvent envoyer des maladies à leurs ennemis et même les tuer ».

Palingénésie. — Régénération, Renaissance, telle est la signification générique de ce terme ; mais il sert aussi à désigner un système

---

(1) *Travel on the Amazone and the Rio Negro*, p. 499.

historique d'après lequel les mêmes révélations se produisent sans cesse dans un ordre donné. — Dans la *Dissertation* sur ce qu'on doit penser de l'apparition des esprits, qui se trouve à la fin de Dom Calmet, nous lisons les curieuses lignes suivantes sur la *Palingénésie* ou Résurrection des fleurs : « Ils (les savants) prennent une fleur, la brûlent et en ramassent toutes les cendres, dont ils tirent les sels par le moyen de la calcination. Ils mettent ces sels dans une fiole de verre, où, ayant mêlé certaines compositions capables de les mettre en mouvement, lorsqu'on les échauffe, toute cette matière forme une poussière, dont la couleur tire sur le bleu. De cette poussière, excitée par une douce chaleur, il s'en enlève un tronc, des feuilles, une fleur; en un mot, on aperçoit l'apparition d'une plante qui sort du milieu de ses cendres ; dès que la chaleur cesse, tout le spectacle s'évanouit, la matière se dérange et se précipite dans le fond du vase pour y former un nouveau chaos. Le retour de la chaleur ressuscite toujours ce phénix végétal caché dans les cendres, et comme la présence de la chaleur lui donne la vie, son absence lui cause la mort.

« Le P. Kircher, qui tâche de rendre raison de cet admirable phénomène, dit que la vertu séminale de chaque mixte est concentrée dans ses sels, et que, dès que la chaleur les met en mouvement, ils s'élèvent aussitôt et circulent comme un tourbillon dans un vaisseau de verre ; ces sels, dans cette suspension qui les met en liberté de s'arranger, prennent la même situation et forment la même figure que la nature leur avait donnée primitivement : conservant le penchant à devenir ce qu'ils étaient, ils retournent à leur première destination et s'alignent comme ils étaient dans la plante vivante. Chaque corpuscule de sel rentrant dans la première destination qu'il tenait de la nature, ceux qui étaient au pied de la plante s'y arrangent ; de même ceux qui composaient le haut de la tige, les branches, les feuilles et les fleurs, reprennent leur première place et forment ainsi une parfaite apparition de la plante tout entière. »

Nous avouons ne pas avoir bien saisi l'explication fournie par le savant Jésuite Kircher, mais comme, d'un autre côté, nous savons pertinemment qu'un moderne alchimiste a essayé non sans succès de la Palingénésie, nous avons cru utile de fournir l'article que vient de lire le lecteur, car l'un d'eux pourrait peut-être faire des essais dans cette voie.

Palmoscopie. — Divination qui se tirait des palpitations ou secousses des parties de la victime offerte en sacrifice et que l'on calculait à la main, c'est-à-dire en comptant sur les doigts, d'où le terme de *Palmicum* employé également pour ce genre de divination.

Palomancie. — Divination analogue à la *Rhabdomancie* ou divination avec une baguette de bois.

Pantacle. — Sorte de talisman magique. Ce sont des figures à la fois symboliques et synthétiques, qui renferment en elles une série d'enseignements, que l'Initié doit savoir développer et analyser dans tous ses détails. — Sorte de schéma destiné à reproduire une idée en quelques symboles. C'est un tracé en quelques linéaments, qui résume et synthétise les principaux enseignements ésotériques.

Pour expliquer les pantacles, on doit tout d'abord décomposer la figure en ses éléments, puis voir la situation qu'occupent ces mêmes éléments dans la figure, les uns par rapport aux autres, enfin chercher la science de laquelle relève le pantacle.

Voici, par exemple, ce qu'Eliphas Lévi dit page 136 dans ses *Dogmes et Rituel de Haute Magie*, Tome Ier, en parlant du Triangle de Salomon : « Le ternaire est tracé dans l'espace par le point culminant du ciel, l'infini en hauteur, qui se rattache par deux lignes droites et divergentes à l'Orient et à l'Occident. Mais à ce triangle visible, la raison compare un autre triangle invisible, qu'elle affirme être égal au premier ; c'est celui qui a pour sommet la profondeur, et dont la base renversée est parallèle à la ligne horizontale qui va de l'Orient à l'Occident. Ces deux triangles réunis en une seule figure qui est celle d'une étoile à six rayons, forme le signe sacré du Sceau de Salomon, l'étoile brillante du Macrocosme. »

Au sujet du même Pantacle, le même auteur nous dit dans le même livre pages 178 et 179 : « Paracelse, ce novateur en Magie, qui a surpassé tous les autres Initiés par les succès de réalisation obtenus par lui seul, affirme que toutes les figures magiques et tous les signes cabalistiques des pantacles auxquels obéissent les esprits, se réduisent à deux, qui sont la synthèse de tous les autres : le signe du Macrocosme ou du sceau de Salomon et celui du Macrocosme plus puissant encore que le premier, c'est-à-dire le PENTAGRAMME (voy. ce mot).

Parchemin. — Nous n'avons à parler ici que du parchemin vierge qui sert à faire les pantacles et les talismans. On nomme *Parchemin vierge*, celui qui n'a jamais servi à aucun usage, celui qui ne comporte par conséquent aucune écriture sur ses surfaces ; en magie, ce terme a encore un sens plus restreint ; il sert à désigner le parchemin qui provient de la peau d'une bête n'ayant jamais engendré. On le prépare d'une manière toute spéciale ; on le travaille avec un couteau de bois fabriqué lui-même avec un bois vierge, c'est-à-dire provenant de la pousse de l'année.

Paroles magiques. — Sous ce terme, on comprend tout ce qui est prononcé par la voix ou verbe humain. Conjurations, incarnations, imprécations.

Suivant que le Mage prononce avec plus ou moins d'intensité, de force, les paroles magiques, elles ont des résultats plus ou moins puissants.

Parthénomancie. — Divination au moyen de laquelle on s'assurait si une jeune fille était ou n'était pas vierge ; c'était aussi une divination tirée des signes de la virginité (la membrane Hymen.)

Pégomancie. — Divination au moyen des sources. On utilisait plusieurs modes de consultation, le plus répandu consistait à jeter dans l'eau des poteries à goulots ; et le devin étudiait la manière dont s'échappait l'air des dites poteries et des bulles qu'elles fournissaient.

Pératoscopie. — Divination par l'inspection des airs et la forme des nuages.

Pendu (*corde de*). — Bien des personnes croient encore de nos jours que la corde de pendu est un porte-veine, un porte-bonheur, surtout pour les joueurs, elles considèrent donc cette corde comme un amulette. Bien des joueurs de Monte-Carlo portent sur eux de la corde de pendu, ce qui ne les empêche pas d'être toujours décavés.

Pentagramme. — Etoile à cinq pointes au sujet de laquelle Eliphas Lévi nous dit, page 93, Tome II, de ses *Dogmes et rituel de haute magie* : « Le Pentagramme, qu'on appelle dans les Ecoles Gnostiques, l'Etoile flamboyante, est le signe de la toute puissance et de l'autocratie intellectuelles. »

C'est l'étoile des Mages ; c'est le signe du Verbe fait chair et suivant la direction de ses rayons, ce symbole absolu en magie représente le bien ou le mal, l'ordre ou le désordre, l'agneau béni d'Ormuzd et saint Jean ou le bouc maudit de Mendès.

Paracelse proclame le Pentagramme « le plus grand et le plus puissant des signes ». (Voy. Pantacle.)

Perséa. — Végétal sacré de l'Antique Egypte. Cet arbre, que quelques archéologues ont confondu avec le pêcher, le saule ou le sycomore était consacré à Isis, l'*Alma Mater*, la *Bonne Déesse*.

Plutarque nous dit que parmi les plantes sacrées des Egyptiens, le Perséa d'Isis doit être principalement sanctifié « car son fruit ressemble au cœur et sa feuille à la langue ».

La beauté de cet arbre, qui est toujours vert (*Persea sempervirens*), la ressemblance de ses feuilles à une langue et celle de son fruit à un cœur, l'avaient fait consacrer également au Dieu du silence, sur la tête duquel on le voit plus ordinairement que sur celle d'aucune autre divinité. Sur les monuments figurés, le fruit du Perséa est représenté entr'ouvert pour faire voir le noyau et annnoncer ainsi qu'il faut savoir conduire sa langue et conserver en son cœur le secret des *Mystères d'Isis* et d'Orisis et autres divinités de l'Egypte ; c'est pour ce motif qu'on voit quelquefois le Perséa sur la tête rayonnante d'Harpocrate (le Dieu du silence).

Ceux de nos lecteurs qui désireraient de plus amples détails sur le Perséa les trouveraient dans Isis DÉVOILÉE ou l'*Egyptologie sacrée*, 1 vol. in-12, Paris, Perrin et Cie, éditeurs, 2ᵉ édition, et Librairie du XXᵉ siècle.

Petpayaton. — Dans diverses parties de l'Inde et dans le Siam principalement, on désigne sous ce terme les mauvais génies de l'atmosphère terrestre.

Petchimancie. — Divination par les vergettes ou brosses d'habits. Quand un habit ne peut plus se vergetter, le vulgaire croit reconnaître que c'est là un signe de pluie prochaine.

Pettimancie — Divination au moyen des

dés que l'on agite dans un cornet et que l'on projette ensuite sur une surface plane.

Pisomancie. — Divination au moyen de pois secs ou verts; on les fait rouler de certaine façon pour en tirer des pronostics.

Philosophale (*Pierre*). — Pierre servant à la fabrication de l'Elixir de vie et à la transmutation des métaux. — Voy. TRANSMUTATION.

Philosophie hermétique. — Voy. ALCHIMIE, HERMÉTISME, ART SACRÉ.

Philtres. — Breuvages, boissons ou drogues préparés par un magicien ou une magicienne, par un sorcier ou une sorcière dans un but déterminé, pour obtenir un résultat désiré, principalement pour inspirer de l'amour en faveur d'une personne, ou pour causer des maladies ou des calamités et même la mort. Il peut exister et il existe en effet des recettes variées pour obtenir des filtres divers. Les formules de magie, les *secrets* du Grand ou du Petit Albert fournissent de très nombreuses formules; mais il ne faut pas croire que le premier venu puisse les utiliser et créer par sa seule volonté des philtres.

Phrénologie. — La science et l'art de juger le caractère et la capacité d'une personne par les protubérances ou *bosses* de son crâne; d'où les noms de *craninologie*, *cranologie* et *cranoscopie* donnés encore à cette science, dont Gall et Spurzheim passent à juste titre pour les créateurs, mais il y a lieu d'ajouter dans ses temps modernes. — Avant eux, les physiologistes modernes n'avaient que des idées fort vagues sur l'art de juger les hommes par la Phrénologie. Dans son cours de Phrénologie (leçon 1re page 2), le matérialiste Broussais définit ainsi ce terme :

« La phrénologie est la physiologie du cerveau ; voilà qu'elle doit être la véritable acception de ce mot ; c'est la définition adoptée par Gall et qu'on aurait dû conserver parce qu'elle est aussi exacte que rationnelle. Lorsque l'étude des fonctions de l'encéphale fût appelée psychologie, on étudiait la vie indépendante de l'organisme... Le mot ψυχή (âme) présuppose un moteur, une puissance qui ne sont point accessible à nos sens ; c'est le *comment* et le *quomodo* des phénomènes de psychologie. »

Aujourd'hui et même depuis longtemps, nous connaissons mieux que les matértalistes, le *comment* et *quomodo*, non seulement des phénomènes physiologiques, mais même *psychiques*, qui sont autrement difficile à connaître et partant à étudier. — Voyez PSYCHISME.

Phrényogénie. — Science qui enseignerait aux procréateurs soucieux d'une bonne descendance, le moyen de doter leurs enfants d'une heureuse organisation cérébrale. De prime abord une pareille science paraît absolument fausse et cependant elle ne comporte pas que des faussetés, mais enfin, il ne faut pas prendre au pied de la lettre tout ce que renferment les *Traités de Phrényogénie*. Il est bien évident, qu'il n'est pas au pouvoir de l'homme de procréer un génie ou un idiot ; mais le lecteur comprendra et admettra fort bien qu'un homme s'adonnant habituellement à l'ivrognerie, ne procréera pas un être aussi fortement constitué cérébralement qu'un père, qui sera sobre sous tous les rapports et fortement doué au point de vue cérébral. Nous n'insisterons pas sur ce sujet délicat, ce que nous venons de dire pourra éveiller suffisamment l'attention du lecteur sur la question et ceux de nos lecteurs qui voudraient l'étudier pourraient consulter la Phrényogénie ou *Données scientifique modernes* pour douer (*ab initio*) ses enfants de l'organisation phrényogénique. Ce volume in-12 a été publié en 1868 et a pour auteur Bernard Moulin.

Phylactères. — Sortes d'amulettes, généralement faites avec des bandes de parchemins, sur lesquelles sont inscrites diverses sentences ou devises. Les Juifs dénomment leurs phylactères Théphilim et Téraphim (Voy. ces mots).

Physiognomonie. — Science qui a pour but la connaissance de l'homme d'après sa physionomie ; c'est en un mot l'art de connaître l'homme intérieur par son extérieur.

Cette science étant toute d'observation, ne saurait comporter des fraudes, car les preuves en sont faites par l'étude même. L'auteur le plus classique, le plus connu de la Physiognomonie, c'est Jean Lavater, qui a écrit un fort beau traité sur la matière qui a eu de très nombreuses éditions, mais dont la meilleure est l'édition in-4° en quatre volumes qui renferme de nombreuses planches gravées en taille douce. — Un autre ouvrage curieux est celui qui est à la fin de la chiromancie médiciale de Ph. May. — Paris, Chamuel. — La Physiognomonie est une science véritable, surtout quand on contrôle les pronostics tirés de l'examen des traits par d'autres sciences, telles que la chiromancie, la graphologie, l'astrologie, etc.

Pierre Philosophale. — Voy. Philosophale.

Pindam. — Ce terme sanskrit sert à désigner une méthode qui est utilisée pour faire interpénétrer son corps astral dans le corps d'une autre personne, afin de pouvoir se servir de celui-ci comme du sien propre. C'est de cette façon que bien des entités de l'astral s'emparent des corps de personnes vivantes. Cette substitution peut devenir à la longue une véritable Possession (Voy. ce mot).

Pistole volante. — Pendant le Moyen Age, on désignait sous ce terme, l'argent enchanté que les magiciens ou les sorciers donnaient en paiement de leurs achats. La pistole avait la propriété de revenir dans la bourse de son propriétaire, de *voler* de la main du créancier dans la poche du payeur. C'était par une sorte d'hallucination ou par une sorte de prestidigitation que l'individu croyait toucher son dû et ne le recevait pas effectivement.

Possession. — Action de posséder, ou même seulement d'obséder une personne, c'est-à-dire de s'emparer de son corps pour l'empêcher d'agir à sa guise, à sa volonté. La personne obsédée n'a plus son libre arbitre. Généralement, c'est un invisible, une *Entité de l'astral*, dénommée par le catholicisme *Démon*, qui peut s'emparer du corps de l'homme. — L'Eglise emploie pour débarrasser les possédés des exorcismes. C'est un des meilleurs moyens et des plus pratiques.

Ceux qui connaissent la grande initiation, peuvent à volonté passer dans le corps d'un autre homme et s'en servir comme de leur propre corps, la méthode à employer se dénomme en sanskrit Pindam (voir ci-dessus). Voici une note d'un livre sanskrit, de Panchara-tra *Padma Samhita charrgapada* qui donne à ce sujet des détails fort curieux (1).

« Je te dis maintenant, ô né du Lotus, la méthode par laquelle on entre dans le corps d'un autre... Le corps qui sera occupé doit être sain et frais, d'âge moyen, doué de toutes les bonnes qualités et exempt de toutes les horribles maladies qui sont la conséquence du péché. Le corps doit être celui d'un brahmin ou même d'un Tchatrya. Il faut qu'il soit couché en quelque lieu solitaire (2), le visage tourné vers le ciel et les jambes étendues : entre ses jambes, tu devras t'asseoir en *Yogâsana* (3) ; mais auparavant, ô toi aux quatre faces, tu devras avec une intense concentration, fixe mentale (*Dhâranâ*) avoir longtemps exercé ce pouvoir du yoghi. — Le jiva (4) est localisé dans le *Nabhichakra* (5), il est lui-même radieux comme le soleil et à la forme de *hamsa* (6). Il se meut le long de *Idâ* et de *Pingala*

(1) Chapitre XXIV, *vers* 131 à 140.
(2) C'est-à-dire dans lequel il n'y ait aucun risque que le processus cérémonial soit interrompu, on verra plus loin pourquoi.
(3) C'est-à-dire en posture de *yoghi*.
(4) C'est-à-dire la *vitalité*.
(5) Nom sanskrit du Plexus solaire.
(6) Ce terme *hamsa* (cygne) oiseau est *soham* interverti qui signifie « que je suis », ce qui est une allusion à Parabrahm. — Ainsi Parabrahm — Nivatma — Soham — Hamsa ; tout cela est tout un.

nâdis (1). — Après avoir été concentré comme hamsa, il passera à travers les narines et comme un oiseau s'élancera à travers l'espace. Tu devras t'accoutumer à cet exercice en voyant au dehors le *Prâna* (2) à la hauteur d'un palmier et en le faisant voyager un mille ou cinq mille au plus ; puis l'attirant de nouveau dans ton corps, dans lequel il doit entrer, comme il l'a quitté à travers les narines et le remettre dans son centre naturel : le *Nabhichakra*. — Il faut pratiquer cela, jusqu'à ce que la perfection soit atteinte ». La méthode qui précède, ne sera guère comprise que des initiés ; et c'est là, la seule fin que nous avons poursuivie. Pour les non initiés, il faudrait ajouter de trop nombreux commentaires, que nous ne saurions donner ici.

Poule Noire. — De nos jours encore la poule noire joue un rôle en occultisme ; beaucoup de cartomanciennes l'utilisent tous les jours pour les aider dans leurs consultations. — Au dire de Cambry (1), la superstition de la *Poule Noire* est encore très vivace en Bretagne. — Un livre auquel un grand nombre de bonnes femmes ont grande confiance a pour titre : LA POULE NOIRE ou *La Poule aux œufs d'or*, avec la science

---

(1) Nom de deux canaux de circulation psychique.
(2) *Jiva* est la vitalité de l'univers, comme est *Prâna* la vitalité humaine ; c'est le souffle astral.

des talismans et des anneaux magiques ; l'art de la nécromancie et de la cabbale pour conjurer les esprits, etc. 1 vol. in-18 ; En Egypte, 740.

Cf. — *Traité de yoga*, par Ernest Bosc, 1 vol. in-8º, Paris, H. Daragon, 1909 (seul traité français sur la matière). — Et Librairie du XXᵉ siècle.

Prakriti. — Personnification de l'Aither cosmique ; c'est la *Nature*, une sorte de **Trinité** qui comprend la *matière*, le *mouvement* et l'*espace*, ce qui constitue l'Univers. — Aucune de ces trois forces n'a par elle-même d'existence propre, car ces trois termes : matière, mouvement, espace, indiquent seulement trois aspects différents, sous lesquels se manifeste cette unité éternelle.

Toute puissance n'est constituée que par certaines vibrations de l'Aither cosmique (*Prakriti*) mais ces vibrations se produisent dans un certain ordre et suivant certaines lois ; elles sont stationnaires dans la matière et progressives dans la force. — L'homme ne sait pas encore utiliser ces vibrations, qui pourraient lui être d'un grand secours et révolutionner le monde économique et *mécanique*.

A peine si, de nos jours, le télégraphe sans fils commence à utiliser ces vibrations.

On sait que Marconi attribue la transmission des ondes électriques aux vibrations que produit leur émission sur l'aither et prétend que c'est par l'air que ces ondes se transmettent dans l'espace.

— Il se trompe ; on le verra bientôt ; du reste d'autres ingénieurs électriciens pensent que ces mêmes ondes se transmettent par la surface de la terre même et de là, se répandent dans l'air. Ce dernier mode de transmission a aujourd'hui un grand nombre d'adhérents ; aussi nous ne craignons pas de déclarer que le télégraphe tellurique a beaucoup de chance de renverser le télégraphe aérien, et cela, parce que les vibrations telluriques ont bien moins de chance d'être perturbées que les vibrations aériennes.

Pranayama. — Exercice pratiqué par le yoghi et qui consiste à retenir son souffle d'abord quelques secondes, puis quelques minutes ; enfin, par un long, très long entraînement, quelques heures. Le yoghi s'entraîne au *Pranayama* pour des motifs divers ; pour faire de la gymnastique pulmonaire et guérir ou éviter un grand nombre des maladies des voies respiratoires, mais surtout pour accomplir l'exercice de la mort apparente, ce que nous nommons en Occident *Anabiose*, c'est-à-dire suspension complète des fonctions vitales. Quand, après un long temps d'entraînement, le yoghi peut pratiquer à volonté le *Pranayama*, on lui fait sous la langue une incision qu'on élargit chaque semaine, ce qui, au bout d'un certain temps, lui permet de retourner sa langue dans le gosier, de manière à fermer, à boucher *hermétiquement*, l'arrière-gorge. — Les pratiques de *Pranayama* sont accompagnées d'ablutions, de massages, de prières et d'incantations ; enfin le yoghi doit n'avoir qu'une alimentation végétarienne et ne consommer aucune liqueur spiritueuse et ne doit prendre aucune espèce de médication. — Le jour de l'expérience *anabiotique* arrivé, le yoghi se lave et se nettoie l'estomac, s'étend sur un drap de toile ; puis se recueillant, il s'hypnotise en fixant son regard sur l'extrémité de son nez ; enfin il retourne sa langue dans son gosier et tombe en catalepsie. Alors, l'un de ceux qui assistent à l'expérience lui bouche tous les orifices de son corps avec de la cire vierge, puis on enferme ce cadavre vivant dans un cercueil qu'on dépose dans un tombeau dans un caveau, dont la pierre fermant l'ouverture horizontale est recouverte de terre et ensemencée de gazon. — Au bout d'un temps déterminé, 20, 30, 40 ou 50 jours et même davantage après cet ensevelissement, on retire du caveau du cercueil, et le yoghi est ramené à la vie par la série d'opérations suivantes : on verse de l'eau tiède sur sa tête ; on lave et frictionne son corps; on détamponne les orifices qui avaient été bouchés à la cire vierge ; enfin, après avoir ouvert la bouche avec beaucoup de précaution, on retire la langue de l'arrière-gorge et on la ramène dans sa position normale. Les massages et frictions ayant rappelé dans le corps du yoghi sa chaleur naturelle, il reprend son souffle, ouvre les yeux et revient à la vie qu'il semblait avoir quittée. Bien que le fait que nous venons de rapporter paraisse merveilleux, notre narration est d'une exactitude scrupuleuse, des milliers de voyageurs dans l'Inde ont pu s'en assurer *de visu*. Ceux de nos lecteurs qui voudraient des renseignements complémentaires au sujet de Pranayama, les trouveraient dans le Livre des Respirations, traité extrêmement curieux sur l'art de respirer. Paris.

Conférer le *Livre des Respirations* ou *l'art de Respirer*, un vol. in-12 2ᵉ Edition.

Prénotion. — Sensation qu'on éprouve à propos d'une chose avant son accomplissement ; ce n'est pas le pressentiment comme nous allons voir. La prénotion peut être matérielle et naître dans notre esprit par suite de phénomènes antérieurs ; elle provient de la raison.

Des Voyants ou hauts sensitifs peuvent avoir la prénotion d'un événement par suite de la représentation qu'ils en voient dans l'astral, dans les clichés akasiques.

Bacon nous affirme que l'âme, quand elle est recueillie et repliée pour ainsi dire sur elle-même (concentrée profondément), possède la prénotion à un tel degré qu'elle peut prédire l'avenir.

Le *pressentiment* est immatériel, il provient du cœur et procède d'une manière toute spontanée sans action réflexe ; presque tous les esprits avancés ont le pressentiment des événements qui peuvent survenir, soit dans leur vie privée, soit dans les affaires publiques. On pourrait citer quantité de personnages historiques qui avaient le pressentiment très certain, tels Alexandre, César, Socrate, Jeanne d'Arc, Napoléon et Henri IV ; il est vrai d'ajouter que tous ces personnages étaient des Voyants ou tout au moins de grands sensitifs. Tous ces personnages ont, dans le cours de leur existence témoigné de la sûreté des pressentiments qu'ils ont éprouvés, ainsi que de prénotion relativement à des faits survenus ultérieurement.

Pressentiment. — (Voyez l'article précédent).

Préta. — Terme sanskrit qui désigne ce que nous nommons *coques ;* coque physique, coque astrale. Ce terme sanskrit signifie littéralement *parti* (de *pre* préfixe exprimant l'intensité et *ita* partir, de la racine ê, aller, s'en aller). Le preta est ce qui est laissé, quand le *Sat* ou l'être est mort ou du moins parti pour l'au-delà, ce qui n'est pas du tout la même chose. Ce même terme désigne aussi par extension, les âmes désincarnées bonnes ou mauvaises. Disons ici, que les coques astrales se désintègrent plus ou moins vite, suivant l'être auquel elles ont appartenu. Quand le *manas* (intelligence physique) du mort a été dirigé pendant sa vie par son *Buddhi*, cette désintégration se fait assez rapidement ; quand, au contraire, l'égoïsme (en sanskrit *akankara*) a eu le pas sur Buddhi, la désintégration se fait moins rapidement ; mais elle s'accomplit tout de même. Pour faciliter la désintégration de la coque astrale, les Brahmines ont l'habitude, pendant les dix jours qui suivent immédiatement le décès, de pratiquer diverses cérémonies, qui s'appliquent non à *Atma*, mais au *Préta*, ce que les anciens Egyptiens dénommaient l'*Osiris* du défunt. Dans ces cérémonies, on récite des *mantrams* ; le sens général de ceux-ci pendant le rite funéraire, est celui-ci : « Je verse cette eau pour apaiser la soif du Préta, si, par hasard, il ne l'avait pas satisfaite ? (sous-entendu avant de mourir.) Je fais cet offrande de riz et de karry, de sésame et de pois pour apaiser la faim non satisfaite du Préta. »

Chez les riches Hindous, dès qu'un homme est mort, on fait trente-deux boulettes de riz et de karry et on les place devant le Préta, comme s'il était présent bien qu'invisible ; une cordelette de kusa, dont un bout tient censément à celui-ci, au

Préta, et l'autre bout à un pauvre Brahmine, établit entre eux une communication. Pendant qu'on récite des *mantrams*, le Brahmine mange le riz. Pour remplir cet office, on paye à celui-ci une somme parfois assez élevée, dix, vingt et jusqu'à cinquante ou soixante roupies, car il est assez généralement accrédité que le Brahmine qui a accompli cette cérémonie n'a plus qu'un an à vivre, parce qu'il fournit une grande quantité de son fluide vital pour favoriser le double aithérique du décédé dans son acte de manger.

Le nombre des boules, avons-nous dit, est de trente-deux ; elles représentent des *Kalas*, dont douze appartiennent au Soleil, seize à la lune, et quatre au feu ; ce sont les TATWAS primitifs (voy. ce mot), qui sont au nombre de quatre-vingt-seize, obtenus par la division de chaque unité en TATWA, RAJA et TAMANA GUNAS (voy. ces mots).

Dans le cas de suicide, de mort violente ou accidentelle causée par l'eau et par le feu, de même que par accidents ou par des batailles, les cérémonies ne sont accomplies que six, huit ou dix mois après le décès, parce que dans ce genre de mort le corps physique est seul détruit, tandis que les autres principes ne le sont pas ; aussi le rite funéraire ne saurait être accompli, il serait sans aucun effet, car il n'y a pas mort au vrai sens du mot ; ce n'est qu'une mort partielle.

Pséphomancie. — Divination au moyen de cailloux qu'on enterrait dans le sable, qu'on déterrait ensuite et sur lesquels on pouvait observer certaines marques qui servaient au devin à tirer des pronostics.

Psychagogues. — Chez les Grecs, on nommait Psychagogues ou *Evocateurs* des âmes, ceux qui, au moyen de certaines conjurations, parvenaient à évoquer les âmes des morts, ce que les spirites modernes dénomment aujourd'hui Esprits. — Voy. SPIRITISME.

Psychiques. — Ce terme désigne tout ce qui se rapporte à l'âme, en tant qu'effets physiques ou actifs ; tout ce qui agit sur l'âme. — On nomme *Force Psychique*, la force qui vient de l'âme ($\psi\chi\eta$) ; *Facultés psychiques*, les facultés de l'âme, etc., etc.

Un auteur américain (1) nous apprend ce qui suit au sujet des forces psychiques :

« Elles constituent une substance réelle. L'âme humaine est un composé de ces substances aussi éternelles et aussi indestructibles que n'importe quelle substance d'ordre le plus matériel. »

Mais il y a lieu d'ajouter que cette substance est

---

(1) C. G. RAVÉ, *Psychology as a natural science, applied to the solution of occult psychic phenomena*. p. 529. — 1 vol. Philadelphia, 1889.

très subtile, comme la matière radiante et même plus encore que celle-ci.

On dénomme plantes ou substances psychiques les substances qui agissent sur l'âme, les narcotiques, les ébriants, les stupéfiants : Haschich ou esrar, chanvre ou *cannabis indica,* opium, laudanum, cocaïne, etc. — Toutes ces plantes ou substances psychiques ont été étudiées d'une manière scientifique partant très intéressante, dans un opuscule remarquable qui a pour titre : *Traité théorique et pratique* DU HASCHICH *et autres substances psychiques* (1).

Psychisme. — Ce terme, bien que d'un usage constant, n'est pas défini dans les dictionnaires de la langue française ; Littré ne le connaît point. — Le psychisme est l'ensemble des connaissances de tout ce qui se rapporte à l'âme ; c'est aujourd'hui une vaste science, comme pourra s'en convaincre le lecteur en lisant les termes suivants, dont la plupart sont de récente introduction dans le langage usuel.

Psychologie. — Science de l'âme autant qu'étude purement métaphysique ou en ce qui concerne les facultés morales et intellectuelles. Ce terme n'est donc pas synonyme du précédent.

---

(1) Un vol. in-12, 2ᵉ Edition, Paris, H. Chacornac, 1907, et Librairie du XXᵉ siècle.

Psychologique. — Qui a rapport à l'âme dans le sens de psychologie et non de psychisme.

Psychologiste, Psychologue. — Celui ou celle qui s'occupe de psychologie et non de psychisme.

Psychomancie. — Celui qui pratique la psychomancie ou la divination au moyen de l'évocation des morts ou ce que les spirites dénomment Esprits ; les désincarnés.

Psychomètre. — Moyen de mesurer la valeur ou la force de l'âme de l'intelligence. Tel est le sens générique qui a été donné pour la première fois par Bonnet à l'état de simple question : « Le nombre des connaissances justes, dit ce philosophe, que différents esprits tirent du même principe ne pourrait-il pas servir de fondement à la construction d'un *Psychomètre* et ne peut-on pas présumer qu'un jour, on mesurera les esprits (sans jeu de mot) comme on mesure les corps. (*Contemplations* IV, 10).

Dans le langage occultique ce terme est synonyme de MEDIUM (voy. ce mot), de Claivoyant, c'est-à-dire d'une individualité, qui dégageant de son corps son double aithérique peut lire le passé, le présent et l'avenir. — (Voir l'article suivant).

Psychométrie. — Extrême sensitivité d'une personne, qui lui permet de dégager son corps physique (en sanskrit Sthulé) de son double aithérique et de pouvoir lire ainsi dans les *clichés akasiques* et prédire dès lors le passé, le présent et l'avenir. — On nomme une personne douée de cette faculté *Psychomètre*.

Voici la définition que donne Buchanam de cette faculté dans son *Manuel de Psychométrie* : « La psychométrie et le développement de l'exercice de facultés divines dans l'homme. Cette sphère inexpliquée de l'intellect, qui comprend les réponses oraculaires, analogues aux révélations des somnambules, les prophéties des saints, les pronostics du destin, les présages mystérieux, de même que les impressions soudaines qui dirigent la conduite de beaucoup de personnes (1). »

La science psychométrique, qui est réelle, incontestable, est vieille comme le monde, et c'est bien à tort que l'on croit qu'elle a pris naissance à notre époque, que Buchanam de Boston, le Dr Hübbe-Schleiden et Louis Deinhard, de Munich, en sont les inventeurs. — Ce terme a un autre sens que voici :

La psychométrie est une dynamométrie psychologique, c'est-à-dire un mode de mesurer la force

---

(1) Cf. à ce sujet, WILLIAM DENTON, *The soul of Things* (l'âme des choses), 3 vol. in-8°, Wellesly, Massachuset. — *La Psychologie devant la science et les savants*, par Ernest Bosc. H. Daragon, 3ᵉ Edition, et Librairie du XXᵉ siècle.

psychique. — L'activité nerveuse ou neurique que nous qualifions plus spécialement de *psychique* n'échappe point aux conditions physiques ; elle est du reste soumise à une loi toute mécanique, dont nous pouvons intervertir l'ordre par des agents mécaniques.

« Beaucoup de personnes, nous dit Féret dans les *Comptes rendus de la Société de Biologie*, seraient très surprises, si on leur disait que la force musculaire dépensée par un travail cérébral donné est plus importante que celle dépensée par un travail ou un effort musculaire prolongé qui ne demande pas le concours du cerveau. Autrement dit, qu'un manouvrier dépense moins de force musculaire qu'un philosophe. »

Psychotérapie. — Thérapeutique suggestive, connue de Paracelse et dénommée par lui *Médecine de la foi*.

Bien peu de médecins modernes utilisent de nos jours la *force psychique* comme moyen de guérison, et cependant c'est l'un des plus efficaces ; nous donnerons pour preuves toutes les guérisons obtenues par le magnétisme curatif.

Cependant la plupart des médecins éprouvent pour la Psychothérapie un dédain tout à fait injustifié, aujourd'hui surtout que la science a reconnu la Force psychique ou neurique et lui a donné ses grandes lettres de naturalisation. Ce qui a fait cependant abandonner la Psychothérapie autrefois fort en usage, c'est que quantité de malades éprouvent le besoin absolu d'absorber quantité de drogues, et, sans cette absorption, ils croiraient ne rien faire d'utile pour se guérir d'une maladie quelconque. Du reste, dans notre société bien des personnes redoutent actuellement la Psychothérapie par crainte d'un danger moral et par crainte aussi du charlatanisme professé par certains magnétiseurs ou plutôt masseurs professionnels.

Le grand rôle de la Psychothérapie est d'agir sur l'organe de la pensée, afin de réagir sur les autres organes par suite de la première action. Ce mécanisme explique cette sentence de notre Montaigne : « L'Esprit humain est un grand ouvrier de miracles. »

Et ce n'est pas l'esprit humain seul, qui accomplit des miracles de guérison par la suggestion, mais c'est aussi et surtout une forte volonté.

Étudions maintenant comment peut agir la Psychothérapie ou Psychothérapeutique? Il faut autant que possible obtenir chez le malade la faculté réceptive, c'est-à-dire un minimum de réceptivité pour le rendre susceptible de recevoir les impulsions extérieures à sa volonté propre et un maximum d'énergie pour atteindre un résultat désiré, voulu par sa volonté consciente bien dirigée par sa faculté idéo-plastique. — Pour atteindre ce résultat, le meilleur moyen serait *l'hypnose*, c'est-à-dire un état de somnolence légère et passive qui permet au malade de garder la conscience parfaite de ce qui se passe autour de lui, tout en le mettant dans un état de réceptivité favorable à sa guérison.

L'hypnose n'apporte nul trouble dans les fonctions du malade, bien au contraire, c'est une sorte de sommeil calme et réparateur, qui laisse à son réveil le souvenir intact de ce qui s'est passé pendant ce sommeil.

Quant à l'hypnotisme, il faut le réserver pour les grands cas, pour ceux où l'hypnose ne saurait suffire, car si celle-ci est un sommeil normal, l'hypnotisme est un sommeil tout à fait anormal; c'est aussi une éclipse totale de la volonté chez certains malades, ce qui est extrêmement dangereux.

On voit par ce qui précède, que tout l'art de guérir consisterait à aider l'organisme vivant dans son œuvre biologique de défense et de restauration spontanées, et cela, avec le seul secours de l'hypnose.

Les travaux des Luys, des Beaunis, des Bernheim, des Lloyd Tackey, et d'autres encore ont, du reste, démontré tout ce qu'on peut attendre du stimulus psychique, qui semble devoir être le grand guérisseur de l'avenir. Offre-t-il des dangers?

C'est là une grave question, qu'il serait trop long d'étudier ici ; mais ce que nous pouvons affirmer c'est que la suggestion — appliquée à l'éducation de l'enfant, à ce que certains directeurs d'Instituts dénomment le redressement moral de l'enfant, — nous la considérons comme tout à fait malsaine, immorale.

Comme conclusion à ce trop court article pour un aussi vaste sujet, nous formulerons l'axiome suivant : Le Psychothérapeute doit baser toute sa méthode sur ce principe : « Guérir son malade par son imagination propre guidée par la suggestion mentale, favorisée, s'il y a lieu de l'employer par le sommeil hypnotique. »

Dans un roman contemporain des plus remarquables, *La Suggestion mentale* ou la *Grande Denise* nos lecteurs pourront voir ce que l'homme de science peut obtenir avec la suggestion.

Disons en terminant cet article que la Psychothérapie est, pensons-nous, la médecine de l'avenir ; surtout si elle est secondée par l'électrothérapie et le magnétisme.

Un grand médecin, qui toute sa vie avait fait fausse route en étudiant l'hypnose et l'hypnotisme l'éminent docteur Charcot, avait, sur la fin de sa vie, commencé à étudier la médecine de la foi. — Sa veuve même avait autorisé le Dr Bourneville à publier une brochure sous ce titre, signée par l'éminent docteur et qui a paru dans une collection de livres dirigée par le Dr Bourneville.

Ptarmoscopie. — Divination pratiquée en observant les divers éternuements d'une personne, leur fréquence, leur vigueur ou ampleur etc., etc.

Pythonisse. — Ce terme, dérivé de *Python*, nom d'un serpent, sert à désigner des prophétesses. — Chez les Grecs, on nommait du nom de Apollon Pythien, les personnes possédées par ce Dieu et qui rendaient des oracles.

La Vulgate emploie le terme de *Pythons* pour désigner les devins, les magiciens, les nécromanciens. — On nommait *Pythées* ou *Pythonisses* les Prêtresse du temple d'Apollon à Delphes. — Une pythonisse célèbre est la Pythonisse d'Endor, qui fit apparaître devant Saül, l'Ombre de Samuel.

Grégoire de Tours nous parle dans son *Historia Francorum* d'une Pythonisse célèbre de son temps :

« Cette fille, dit-il, procurait par les réponses qu'elle donnait, un grand profit à ses maîtres. Elle faisait connaître les lieux où étaient cachés les objets dérobés et ceux qui avaient commis le vol. — Agéric, évêque de Verdun, tenta, mais en vain, de délivrer cette fille de l'esprit impur dont il la croyait possédée ; aussi, pour ne plus être inquiétée, la devineresse quitta son industrie et se retira auprès de la reine Frédégonde ».

Pyromancie. — Divination pratiquée au moyen du feu (en grec πυρ); ce genre aurait été, dit-on, inventé ou imaginé par Amphiarus.

R

Rabdomancie. — Divination à l'aide d'une baguette de coudrier ou autre arbuste.

Rapsodomancie. — Divination qui se faisait en tirant au sort dans les œuvres des poètes ou *Rapsodes*, principalement dans les livres d'Homère et de Virgile. On dit aussi *Stoichéiomancie*.

Régalomancie. — Divination pratiquée à l'aide d'osselets, de petites balles, de billes, etc.

S

Salgrama. — Pierre noire, longue, se terminant en cône, qui symbolise Vishnu. Voici quelle est l'origine de ce symbole : Vishnu emprunta, un jour, les traits du géant Djalendra pour séduire sa femme, Vrinda ; celle-ci fut involontairement coupable. Ayant reconnu sa faute, elle maudit Vishnu, qui fut changé en pierre noire de forme conique.

Samadhi. — Terme sanscrit difficile à définir dans notre langue. — *Etre en état de Samadhi,* c'est être dans une sorte de catalepsie particulière qui peut durer fort longtemps, et cela sans porter atteinte à la santé. — Pour se préparer à cet état, il faut suivre un entraînement particulier et diminuer successivement la quantité de nourriture qu'un homme doit raisonnablement prendre chaque jour; il faut ensuite pratiquer l'art de la RESPIRATION. Voyez ce mot et PRANAYAMA.

Samir. — Vermisseau de la grosseur d'un grain d'orge, qui, d'après les Talmudistes, aurait rendu de grands services à Salomon, lors de la construction de son Temple. — Les Samirs, par exemple, auraient aidé à fendre et à tailler, à polir même les pierres du Temple de Salomon. Les francs-maçons ont introduit le *Ver Samir* dans l'histoire légendaire de ce même temple et l'ont désigné également sous le nom d'*Insecte Shermah*.

Sanaves. — Amulettes formées de morceaux de bois odorants, que certaines peuplades de l'Afrique portent en collier ou en bracelets; ces amulettes ont pour fonction de protéger ceux qui les portent contre les atteintes des sorciers et des sorts.

Sang. — Le sang a toujours été considéré comme ayant une grande influence sur les évocations; mais nous devons ajouter que le sang, au dire des occultistes, ne peut attirer que des esprits malfaisants.

Pline nous dit que les prêtres d'Egine ne manquaient jamais d'absorber du sang de taureau avant de descendre dans la grotte où l'Esprit prophétique les attendait. — Cependant les prêtres de l'Antiquité répandaient dans l'esprit du peuple que le sang des taureaux était un poison, afin de l'empêcher de l'utiliser dans les évocations.

Saphis. — Carrés de papier sur lesquels sont écrits des passages du Koran et que les Mahométans portent sur eux, comme des TALISMANS. — Voy. ce mot.

Satanisme, Luciférianisme, Palladisme. — Sous ces divers termes, on comprend des œuvres du Démon, des sacrifices offerts au génie du mal, à Sathan ou Satan. — Sous le nom de *Palladisme* un fumiste, que nous ne désignerons pas autrement, a fait beaucoup de bruit autour d'une Diana Vaugham, qui n'a existé que dans l'imagination dudit fumiste. — Cf. J. K. Huysmans *passim*, Gaston Mery : *Un complot maçonnique* et Jules Bois dans *Petites Religions*.

Schamans. — Sorciers de certaines peuplades du Nord de l'Europe.

Schédim. — Terme générique qui, dans les Livres sacrés des Juifs et dans la Kabbalah, sert à désigner les *Elémentals*, que celle-ci nous montre comme une race d'intermédiaires entre l'homme et l'animal. Ils comportent quatre classes : Schédim du feu, de l'air et de l'eau ; enfin, la quatrième classe est composée des mêmes éléments dans lesquels il entre de la terre.

On nomme *Ruchin* le mâle, et *Lilin*, la femelle.

Schem Hamphorasch. — Ces termes hébreux signifient littéralement : *le nom est bien prononcé*, c'est-à-dire, le grand prêtre a bien prononcé le nom de Jéhovah.

En occultisme, un mot bien prononcé a une vertu magique ; ainsi Clément d'Alexandrie nous dit que *Jévé* ou son dérivé *Jévo*, bien prononcé, pouvait frapper de mort un homme.

Schem Hamphorash a été chez les anciens l'emblème de la plénitude, de la toute-puissance, de l'universalité du feu céleste « ou de la lumière incréée, laquelle remplit, anime et féconde tout l'espace (Ragon). C'est dans une certaine mesure *Fohat*. (V. ce mot.)

Ragon nous apprend aussi que le Schem Hamphorash étaient les 72 noms de Dieu, très cabalistiquement de l'*Exode*, et correspondant huit par huit aux neuf hiérarchies célestes ; les noms des 72 anges qui occupent les 72 degrés de l'Echelle de Jacob.

Sciamancie et Sciomancie. — Divination par le simulacre du corps évoqué, afin d'apprendre des choses de l'avenir. — La Sciamancie est une des subdivisions de la Nécromancie.

Spiritisme. — Doctrine des Esprits, remise en lumière de nos jours en Amérique, puis parvénue en France et propagée par un Instituteur M. Rivail, plus connu sous le nom d'Allan Kardec.

Spodomancie ou **Spodamancie.** — Divination qui se pratiquait dans l'Antiquité en employant les cendres des sacrifices. Ce genre de Divination se pratique encore aujourd'hui dans certaines contrées de l'Allemagne.

Voici comment on y procède :

Avec le bout de l'index, on écrit sur de la cendre exposée en plein air, ce que l'on désire savoir. — On laisse la cendre aspirer l'humidité de la nuit et le lendemain matin, suivant ce qui reste des caractères ou suivant ce qui en a disparu, le devin tire des conclusions.

Sternomancie. — Divination à l'aide du sternum, du ventre ; bien souvent le sternomancien n'est qu'un simple ventriloque.

Stoicheiomancie. — Divination qu'on pratiquait dans l'Antiquité avec les livres d'Homère ou de Virgile. — On les ouvrait au hasard et le premier vers qui se présentait à la vue du devin était considéré comme un oracle venant des Dieux.

Stolisomancie. — Divination au moyen des accidents qui peuvent survenir dans la manière de s'habiller : un bas ou une chaussette mis à l'envers, un soulier du pied droit mis au pied gauche, etc., tous ces accidents servaient d'interprétations au devin.

Sycomancie. — Divination au moyen des feuilles de figuier ; elle se pratiquait de manière très diverses.

T

Téphramancie. — Divination au moyen des cendres qui provenaient des victimes sacrifiées. — Ne pas confondre ce genre de divination avec la *Spodomancie*.

Tératoscopie. — Ce mot ne désigne pas, malgré le dire de certains auteurs, une forme ou un mode particulier de divination, mais la Divination tout entière aux prises avec le Merveilleux ; par exemple le devin tire des présages de spectres ou de fantômes qu'il voit ou qu'il entend seulement dans les airs. Il en tire également d'accouchements monstrueux, de pluies de petites pierres ou de sang, des combats d'armées aériennes dont on n'entend que le cliquetis des armes, etc., etc.

Pistorius attribue à ce mot (1) l'action de rendre des oracles dans un air conjuré.

(1) *De la Magie*, Chap. x.

D'autres auteurs considèrent la Tératoscopie comme une subdivision de l'*Aéromancie,* car c'est dans l'air qu'on entend les bandes de cavaliers armés, des guerriers, des chasses aériennes, etc. ; d'après les mêmes auteurs les présages que le devin tire des comètes et des météores sont autant de faits relevant de la Tératoscopie.

Tiromancie. — Divination qu'on pratiquait par divers moyens en employant des fromages.

U

Uranomancie. — Divination par l'inspection des astres, ce terme est donc synonyme de *Astrologie,* mais a une acception plus restreinte.

V

Verre d'eau. — Variété de divination de la *Lécanomancie,* en effet ici le bassin d'eau est remplacé par un simple verre d'eau. Ce mode de divination remonte à la plus haute Antiquité, puisque c'est à l'aide d'une coupe remplie d'eau que du temps de Joseph l'intendant des Pharaons, les devins prédisaient l'avenir.

Une carafe d'eau servait à Cagliostro pour le même genre de divination : on peut également utiliser les boules de verre ou de cristal, des surfaces brillantes, planes, convexes ou concaves. Voir les termes *Hydromancie*, et *Lécanomancie*.

X

Xilomancie et **Xylomancie**. — Divination au moyens de fragments de bois. Le devin examine la juxtaposition des fragments de bois, qu'il rencontre sur sa route, la combustion des branches ou celle du bûcher dans le feu, etc.

Z

Zyzygies. — Ce terme d'origine gnostique sert à désigner les *contraires*, sans lesquels rien ne saurait exister, car ce sont eux qui créent la loi de l'évolution. — En effet, sans les contraires pas de souffrances, sans celles-ci pas d'évolution. — Dans une pile électrique, les Zyzygies sons constitués par les pôles. — La respiration a ses zyzygies : la systale et la diastale cardiaque, etc. etc.

FIN DU GLOSSAIRE

Xº Siècle, Paris.

EN VENTE A LA MÊME LIBRAIRIE

BOSC (Ernest). — **Vie ésotérique de Jésus de Nazareth**, Un vol. in-8. . . . . 8 fr. »»
   Vie de Jésus écrite au point de vue ésotérique, ce qui n'avait pas encore été fait.

BOSC (Ernest). — **L'Homme invisible.** Etude sur l'aura humaine, ses couleurs et ses significations physiques, morales et psychiques. Br. in-12 de 48 p. . . . . . 1 fr. »»

BOSC (Ernest) — **La Chiromancie médicale de Philippe May de Frauconie**, suivie d'un Traité sur la physionomie et d'un autre sur les marques des ongles. Traduit de l'allemand par P. H. TREUSCHES DE VEZHAUSEN, avec un avant-propos et une Chiromancie synthétique, par Ernest Bosc. Volume in-8 jésus, illustré de vignettes. . . . . . . 3 fr. »»

BOSC (Ernest). — **Petite encyclopédie synthétique des Sciences occultes**; *Alchimie, Hermétisme, Magie, Oracles, Divination, Féeries, Sybilles, Météorologie, Physique et Mystique, Kabbale, Nombres, Sociétés secrètes, Mouvement occultique contemporain, Occultisme.* Un vol. in-12. 2 fr. »»

BOSC (Ernest). — **La doctrine ésotérique à travers les âges**, *Symbolisme. Langue sacrée, Evolution de l'Homme, Transformisme, Races et Sous-races, Sémites et Aryens, d'Isis et d'Osiris, Livre des Morts, Renaissance, Vierges-Mères, Cosmogonies, Les Déluges, Continents disparus.* 2 vol. in-12. . . . . 7 fr. »»

BOSC (Ernest). — **Dictionnaire d'Orientalisme, d'Occultisme et de Psychologie ou Dictionnaire de la Science occulte**, 2 forts vol. in-12, illustrés. Prix des 2 vol. 12 fr »»

BOSC (Ernest). — **Le Livre des respirations.** Traité de l'art de respirer ou Panacée pour prévenir ou guérir les maladies de l'homme. Un vol. in-18 jésus. 2ᵉ éd. . 3 fr 50

BOSC (Ernest). **De la Vivisection** Etude physiologique, psychologique et philosophique. Histoire, vivisection et science. Expériences monstrueuses, crimes et infâmies. Découvertes de Pasteur, Microbiculture, incertitude, condamnation. Tremplin, Droits et science. Philosophie, morale. Un vol. in-16. . . . . 2 fr. »»

BOSC. (Ernest). — **Isis dévoilée ou l'Egyptologie sacrée.** Un vol in-12. Deuxième édition. . . . . 3 fr. 50

BOSC (Ernest). — **Traité théorique et pratique du Haschich et autres substances psychiques.** *Cannabis indica. Plantes narcotiques, anesthésiques : Herbes magiques, opium, morphine, éther, cocaïne, formules et recettes diverses; bois, pilules, pastilles, électuaires, opiats.* Un vol. in-18 jésus. Deuxième édition. . . . . 3 fr. »»

IMPRIMERIE DU XXᵉ SIÈCLE — PARIS

www.ingramcontent.com/pod-product-compliance
Lightning Source LLC
Chambersburg PA
CBHW061957180426
43198CB00036B/1306